ARMIN A. WOY

Potsdamer Spaziergänge

ELSENGOLD

Bild S. 2: Blick vom Park Babelsberg in Richtung Glienicker Brücke

Abbildungen

Adobe Stock: Titelbild (perekotypole) – **akg-images**: 14 (PAL/PB), 36/37, 41 (PAL/PB), 46/47, 58 (Günter Schneider) – **Martina Kähne**: 49 – **picture-alliance**: 15 (imageBROKER/Schoening) – **TU Berlin, Architekturmuseum**: 9, 32 – **Wikimedia Commons**: 06/07 (hhulf), 8 (Derbrauni), 10 (Arild Vågen), 11 (Schorsch-Berlin), 12/13 (Giorgio Michele), 16 (Andraszy), 17 (Löwe48), 18, 19 (Visions of Domino), 20 (Visions of Domino), 22 (Miguel Hermoso Cuesta), 23 (Rainer Halama), 25 (Andraszy), 26 (Steffen Heilfort), 27 (Rainer Halama), 28 (Klaus Bärwinkel), 29 (Gode Nehler), 30 (Steffen Heilfort), 31 (A. Savin), 33 (Andraszy), 34 (Arild Vågen), 35 (Muck), 38 (Michal Gorski), 39, 40 (Clemesfranz), 42 (Rolf Dietrich Brecher), 44 (Clemesfranz), 45 (Clemensfranz), 46 (Klaus Bärwinkel), 47 (Daniel Naber), 48 (Hääännie), 50 (Steffen Prößdorf), 51 (Steffen Prößdorf), 52 (Steffen Prößdorf), 53 (Marcus Winter), 54 (Steffen Prößdorf), 55 (Andreas Lippold), 57 (U.S. National Archives and Records Administration), 59 (Elena Jamov), 60 (Kvikk), 61 (Raimond Spekking/Superbass), 62 (Axel Mauruszat), 63 (Rainer Halama), 64 (Andreas Lippold), 65 (Archiv Kulturhaus Babelsberg), 66 (IngolfBLN) – **Armin A. Woy**: 43

Impressum

Gestaltung und Satz: Mario Zierke, Berlin
Printed in Slovenia
ISBN 978-3-96201-091-1

INHALT

Vom Hauptbahnhof zum Luisenplatz

Der **Hauptbahnhof** liegt an der ältesten, 1838 eröffneten Bahnstrecke in Preußen, welche Berlin mit Potsdam verband. Die Geschichte des Bahnhofes ist eng mit der preußisch-deutschen verknüpft. Nach Eröffnung 1838 erfolgten 1887–90 ein Ausbau, 1928 der Anschluss an die elektrifizierte S-Bahn, 1945/46 die Stilllegung nach einer Bombardierung im Zweiten Weltkrieg, die Einstellung des elektrischen Betriebes aufgrund des Mauerbaus 1961 und dessen Wiederaufnahme 1992. Der heutige Neubau des Bahnhofs mit Einkaufszentrum stammt aus der Zeit von 1992–99 durch die Architekten Gerkan Marg und Partner (Bahnhof) sowie Engel & Zillich, Moraca.

Über die Lange Brücke, 1317 erstmals erwähnt und seit dem 16. Jahrhundert so genannt, geht es zur **Freundschaftsinsel**. Die Insel entstand durch Schwemmsand am Zusammenfluss von Nuthe und Havel und liegt heute zwischen der Alten Fahrt (nördliche Seite zur Altstadt hin) und Neuen Fahrt (südliche Seite zum Hauptbahnhof hin). Auf der Insel befand sich der Garten eines Tabakhändlers, welcher ihr in seinem Testament 1841 den Namen gab. Es folgten Laubengärten, ein Ausflugsrestaurant,

Bootsschuppen und eine Flussbadeanstalt. Nach Ideen des Staudengärtners Karl Foerster entstand bis 1940 nach Plänen der Gartenarchitekten Hermann Mattern und Hermann Görlitz ein „Blütengarten der Zukunft“, der 1945 dem Krieg zum Opfer fiel. Ab 1953 wurde aus der zur Selbstversorgung der Bevölkerung genutzten Fläche wieder ein Schau- und Sichtungsgarten (Walter Funcke, Hermann Görlitz). In den 1970er-Jahren wurde die ganze sieben Hektar große Insel neu gestaltet und mit Ausstellungshaus, gastronomischer Einrichtung und Freilichtbühne versehen und ab 1996 für die Bundesgartenschau 2001 erneuert.

Auf der Freundschaftsinsel erinnert eine Metallplastik an den Landschaftsgärtner Karl Foerster.

Über die Lange Brücke erreicht man an der Humboldtstraße/Otto-Braun-Platz die sogenannte **Bittschriftenlinde**. Hier stand mehrere Jahrhunderte lang ein Baum, an den die Untertanen ihre Bitten an den König hängen konnten, die diesem wöchentlich vorgelegt wurden. Die ursprüngliche Linde wurde 1949 abgeholzt. Eine zur 1000-Jahrfeier Potsdams neu gepflanzte Linde wich 2008 dem Straßen- und Landtagsbau und steht seit 2015 wieder am historischen Ort.

Der Breiten Straße folgend, passiert man links den 54 Meter hohen Bau des Mercure Hotels und rechts die ehemalige Vorfahrt des Schlosses. Das Hotel wurde als

Der ehemalige Reitpferdstall des Stadtschlosses beherbergt seit 1981 das Filmmuseum.

städtebauliche Dominante im Zuge der Neugestaltung des Potsdamer Zentrums 1966–69 unter der Projektleitung von Sepp Weber gebaut. Hinter den Säulen der Auffahrt zum neu errichteten **Brandenburger Landtag** – äußerlich in den Formen des Potsdamer Schlosses – befindet sich der Plenarsaal des Parlamentes (s. Vom Alten Markt zum Pfingstberg).

Die Breite Straße überquert nun den ehemaligen Paradeplatz, an dessen Nordrand sich heute das **Filmmuseum** Potsdam der Filmuniversität Babelsberg Konrad Wolf befindet. Der Paradeplatz war ursprünglich Bestandteil des Lustgartens. Um kälteempfindliche Pflanzen, vor allem die Zitrusbäumchen, im Winter zu schützen, entstand 1685 durch Johann Arnold Nering eine Orangerie – heute der älteste erhaltene Bau in Potsdams Innenstadt. Mit der Umgestaltung des nördlichen Lustgartens zum Paradeplatz wurde das Haus ab 1714 als Pferdestall genutzt und 1746 nach Plänen von Georg Wenzeslaus von Knobelsdorff durch Andreas Krüger erweitert, um ein Attikageschoss ergänzt und mit den heutigen Fassaden mit den Pferdegruppen gestaltet. 1945 erlitt das ab 1922 als Garnisonmuseum genutzte Gebäude starke Schäden. Nach der Restauration 1977 durch Zdzisław Hejger konnte 1981 das Filmmuseum eröffnet werden.

Folgt man der Breiten Straße, sieht man am Ende des Gebäudes mit der Hausnummer 5 A auf der rechten Seite das **Schauportal des Langen Stalls**. Der im Krieg stark beschädigte Bau wurde abgerissen, sodass nur noch die 1781 nach Plänen von Georg Christian Unger gestaltete Schaufassade in französischer Palastarchitektur erhalten ist.

Die Garnisonkirche mit ihrem rund 90 Meter hohen Turm im Jahr 1920

Jetzt ist auch schon die Baustelle für die Neuerrichtung des Turmes der ehemaligen Hof- und Garnisonkirche Zum Heiligen Kreuz – genannt **Garnisonkirche** – erreicht. 1730 wurde ein Vorgängerbau abgebrochen und anschließend mit der Errichtung eines neuen Bauwerks nach Plänen von Philipp Gerlach begonnen. 1735 war das Gebäude, welches als Hauptwerk des preußischen Barocks galt, fertig. Der rund 90 Meter hohe Turm prägte zwei Jahrhunderte lang das Potsdamer Stadtbild. Nachdem hier 1740 König Friedrich Wilhelm I. und 1786 König Friedrich II. – gegen dessen erklärten Willen – beigesetzt worden waren, entwickelte sich der Ort zunächst zu einer Pilgerstätte und in der Weimarer Republik (1919–33) dann zu einem Treffpunkt antidemokratischer Menschen. Am 21. März 1933 fanden hier Feierlichkeiten zur Eröffnung des neu gewählten Reichstages statt. Geschickt knüpften die Nationalsozialisten an preußisch-deutsche Traditionen an: Der Handschlag zwischen Adolf Hitler und Paul von Hindenburg sollte das neue Bündnis von Preußen und Nationalsozialistischer Bewegung symbolisieren. In der Bombennacht vom 14. auf den 15. April 1945 wurde die Kirche stark beschädigt. Ab 1950 fanden in einem im Turm hergerichteten Raum, Heilig-Kreuz-Kapelle genannt, wieder Gottesdienste statt. 1968 erfolgte der Abriss der beschädigten Kirche. An ihrer Stelle entstand unter der Kollektivleitung von S. Weber bis 1971 ein Neubau für ein Rechenzentrum, welches zurzeit als Kunst- und Kreativhaus genutzt wird. Die Wiederherstellung des Gebäudes (zunächst des Turmes mit Ausstellungs- und Aussichtsmöglichkeiten) für Friedens- und Versöhnungsarbeit im Verbund mit der internationalen Nagelkreuzgesellschaft ist wegen der historischen Ereignisse, die hier stattfanden, nicht unumstritten.

Eckhaus der Hiller-Brandtschen Häuser

An der Kreuzung Breite Straße/Dortustraße fällt auf der linken Seite ein imposanter Bau auf, der sich die Breite Straße entlangzieht. Genau genommen sind es eigentlich sogar drei Häuser, die hier 1769 nach Plänen des damals 26 Jahre jungen Baumeisters G. C. Unger entstanden sind. Das Gebäude wurde auf Wunsch König Friedrichs II. nach den Bauplänen von Inigo Jones für Whitehall Palace in London – 150 Jahre zuvor – errichtet. Friedrich II. wünschte, der Umgebung des Schlosses ein repräsentatives Aussehen zu geben. Die

Seiten zur Dortu- und Breiten Straße wurden als vielgestaltige Schaufassaden gefertigt. Während die Eckbauten Bürgerpalais waren, diente der zweigeschossige Verbindungsbau als Soldatenunterkunft und war damit so etwas wie eine Frühform einer Kaserne. Nach ihren ersten Bewohnern wird das Bauensemble heute noch **Hiller-Brandtsche Häuser** genannt.

Auf der gegenüberliegenden Seite befinden sich die Gebäude des ehemaligen **Militärwaisenhauses**. Das Gebäudekarree, welches von der Breiten Straße, Lindenstraße, Spornstraße und Dortustraße umschlossen wird, gehört zu den größten geschlossenen Barockensembles Potsdams. 1724 überließ König Friedrich Wilhelm I., der „Soldatenkönig", dieses Areal zur Errichtung einer Stiftung, welche sich um die Waisenkinder seiner Militärs kümmern sollte. Die Jungen – ab 1725 auch Mädchen – wurden in Rechnen, Schreiben und Lesen sowie dem Christentum unterrichtet und sollten anschließend einen Beruf erlernen. Hierbei stand die Erziehung im Sinne militärischer Aspekte im Vordergrund. Jedoch wurden die Kinder auch als Arbeitskräfte vermietet. Bis zur Mitte des 18. Jahrhunderts stieg die Zahl der Kinder auf bis zu 2000 an. Deshalb ließ König Friedrich II. den Komplex 1771–78 durch den Architekten Carl von Gontard grundlegend neu gestalten. Die Fronten entlang der Dortu- und der Breiten Straße beeindrucken

Der von der goldenen Caritas bekrönte Monopteros auf dem Haupthaus des Militärwaisenhauses ist eines der Wahrzeichen Potsdams.

Das ehemalige Predigerwitwenhaus mit der Büste des Großen Kurfürsten Friedrich Wilhelm

mit mächtigen Mittelrisaliten und figurengeschmückten Giebeln, während der Bauteil in der Lindenstraße mit einem imposanten Treppenhaus von einem 26 Meter hohen **Monopteros** (tempelartiger Turmaufsatz) bekrönt wird, auf dem eine Figur der **Caritas** (Barmherzigkeit) mit Palmzweig und flammendem Herz zu sehen ist. In der Weimarer Republik wurde die Einrichtung als zivile pädagogische Einrichtung betrieben, von den Nationalsozialisten wurde sie bis 1938 als Nationalpolitische Lehranstalt genutzt. Danach war sie der Wehrmacht unterstellt. Gegen Ende des Zweiten Weltkrieges wurde die Anlage teilweise zerstört und danach in Teilen wieder aufgebaut. Zu DDR-Zeiten wurde die Stiftung 1952 aufgelöst und das Ensemble als Kinderheim und Bürogebäude genutzt. 1992 wurde der Auflösungsbeschluss widerrufen und die Stiftung erneut eingesetzt, welche den Komplex restaurieren und 2004 auch wieder den Monopteros mit der Caritas aufsetzen ließ. Die Stiftung, die sich heute um benachteiligte Brandenburger Kinder und Jugendliche kümmert, hat den Komplex vollständig als Gewerbe- und Bürostandort vermietet. Einzelpersonen wie auch Gruppen können das Waisenhaus-Museum im Hofgebäude Breite Straße 9 A nach vorheriger Anmeldung besuchen.

Im Haus Breite Straße 13 befindet sich seit 2001 das **Naturkundemuseum Potsdam**. Der Bau wurde ebenso wie die Hiller-Brandtschen-Häuser mit einem repräsentativen Äußeren versehen. Ein bereits vorhandenes Ge-

bäude wurde 1770 nach Plänen von G. C. Unger für die Stände der Zauche (historische Landschaft südwestlich von Potsdam) mit Pilastern, Mittelrisalit mit Balkon und vorgelagerter Treppe versehen.

Direkt neben den Hiller-Brandtschen-Häusern befindet sich ein Gebäude, an dem ein Standbild in einer Nische in der Mitte des Risalites zwischen erstem und zweitem Obergeschoss auffällt. Es handelt sich um eine Büste des Großen Kurfürsten. Hier entstand 1674 ein Bau nach Plänen von Johann Gregor Memhardt für die Stiftung der Kurfürstin für Witwen und Waisen reformierter Prediger. Dieser Nutzung verdankt der Bau seinen bis heute gebräuchlichen Namen: **Predigerwitwenhaus.** 1826/27 ersetzte ein Bau von Carl Wilhelm Redtel in klassizistischen Formen das ursprüngliche Haus, von dem das Giebelrelief und die Büste übernommen wurden. Heute befinden sich dort Kleinwohnungen.

Wie ein wenig aus der Zeit gefallen wirkt ein Obelisk als historisches Relikt des ehemaligen Neustädter Tores vor dem Plattenbau mit der Hausnummer 17 in einer Grünanlage. Ab 1722 wurde die erste barocke Stadterweiterung zunächst mit einem Palisadenzaun umgeben, welcher ab 1733 durch eine Mauer ersetzt wurde. Da das Stadttor seine eigentliche Funktion mit der zweiten barocken Stadterweiterung 1733 verloren hatte, ließ Friedrich II. 1753 mit der Errichtung von zwei **Obelisken** das Stadttor durch G. W. von Knobelsdorff symbolisch nachbauen und bildete damit den Abschluss des Schloss-

Blick vom von zwei Obelisken gerahmten Neustädter Tor in Richtung Garnisonkirche. Aufnahme von 1913

distriktes. Einer der Obelisken überstand die Zerstörungen des Zweiten Weltkrieges und wurde, 1981 restauriert, nun auf der Nordseite der Straße wieder aufgestellt. Auf den ursprünglich vorhandenen preußischen Adler auf der Spitze verzichtete die DDR. Die wie Hieroglyphen anmutenden Zeichen auf dem Obelisken sind reine Fantasieformen des Architekten.

Der Straße folgend, ist das ab 1974 errichtete Wohngebiet **Neustädter Havelbucht** erreicht. Um hier die rund 1500 Wohnungen errichten zu können, wurde 1971 der nördliche Teil der Havelbucht zugeschüttet. Neben den 17-geschossigen Punkthochhäusern entstanden drei acht- bis elfgeschossige Scheibenhäuser, welche in ihrer lockeren Anordnung den ehemaligen Verlauf der Wasserlinie nachzeichnen. Das grüne, am Wasser liegende Gebiet war von Anfang an ein beliebter Wohnort. Die ehemalige Markthalle wurde 1996/97 durch ein zweigeschossiges Einkaufszentrum der Architekten Kny & Weber ersetzt.

Ein architektonisches Kleinod ist das **Café Seerose** in der Breiten Straße 24 direkt am Ufer. Inspiriert von einem Bau in Mexiko-Stadt (Restaurant Los Manantiales von Félix Candelas), wurde 1982/83 nach Plänen des in Ost und West tätigen Ingenieurs Ulrich Müther ein Gebäude in Form einer Blüte als Hyparschalenbau errichtet.

Müther galt als Meister des Schalenbetons und hat u. a. den Teepott in Warnemünde und das Planetarium in Wolfsburg entworfen. Das Cafégebäude steht seit 2004 unter Denkmalschutz. Städtebaulich war das Gebäude als Gegenstück zum nur wenig entfernt am Ufer stehenden Pumpwerk für Sanssouci gedacht.

Dieses Pumpwerk, auch **Dampfmaschinenhaus** genannt, ist nach wenigen Schritten entlang des Wassers erreicht. Allerdings irritiert das Aussehen des Gebäudes etwas, denn es mutet auf den ersten Blick wie eine Moschee an. Und das war auch so gewollt. Denn König Friedrich Wilhelm IV. wollte ein romantisierendes Bauwerk als Staffage am Havelufer. So entwarf Architekt Ludwig Persius mit Carl von Diebitsch das Haus im maurischen Stil mit farbigen Ziegelbändern und orientalischen Formsteinen wie eine Moschee mit Minarett, in dem sich ein Schornstein verbirgt. Im Inneren wurde nach einjähriger Bauzeit 1842 die größte Dampfmaschine Preußens aufgestellt. Sie hatte die Aufgabe, die Fontäne im Park von Schloss Sanssouci zum Sprudeln zu bringen, was bis dahin nicht gelungen war. Die rund 80 PS starke Maschine ließ das Wasser bis zu 38 Meter hochschießen. Noch heute kommt das Wasser für den Park von hier, wenngleich auch moderne elektrische Pumpen die Arbeit übernom-

Das nach Plänen des Ingenieurs Ulrich Müther gestaltete Café Seerose am Havelufer

men haben. Die alte Maschine ist noch vorhanden und wird, nun ebenfalls elektrisch angetrieben, interessierten Menschen vorgeführt.

Von der Breiten Straße rechts in die Zeppelinstraße einbiegend, ist schon bald der **Luisenplatz** erreicht. Auf der rechten Seite, Hausnummer 9, befindet sich eine Bank in einem historischen Gebäude. Ursprünglich wurde das Haus nach Plänen von Carl Hampel durch den Baukondukteur Wilhelm Kreyer 1833-36 als Kaserne für das 1. Garde-Ulanen-Regiment in strengen Formen der späten Schinkelschule errichtet. Das Walmdach wurde 1846 durch ein Flachdach mit umlaufendem Zinnenkranz nach Plänen von Friedrich August Stüler und Ludwig Ferdinand Hesse ersetzt.

Das Dampfmaschinenhaus mit seinem Schornstein erinnert an eine Moschee mit Minarett.

Der Luisenplatz diente bis ins 19. Jahrhundert als Platz der Holzverarbeitung. 1854 entstand nach Plänen von Peter Joseph Lenné ein Schmuckplatz mit Rondell und Brunnen, der 1903 durch ein Denkmal für Kaiser Friedrich III. ersetzt wurde. Erneut wurde der Platz 1936 umgestaltet, bekam einen Parkplatz und war nun für

Aufmärsche geeignet. Ab 1951 hieß er Platz der Nationen (bis zum Ende der DDR) und wurde für Maidemonstrationen und verschiedene Veranstaltungen genutzt. Zur Bundesgartenschau 2001 erhielt der Platz eine Tiefgarage und seine heutige Gestaltung durch die Landschaftsarchitektin Cornelia Müller.

Das bekannteste Bauwerk des Platzes befindet sich an der Ostseite: das **Brandenburger Tor**. Das heutige Torgebäude ersetzte 1770 ein früheres Tor und akzentuierte den Stadtausgang Richtung Brandenburg. König Friedrich II. ließ hier nach dem Siebenjährigen Krieg ein triumphbogenartiges Bauwerk errichten. Die dem Park von Schloss Sanssouci zugewandte Seite gestaltete G. C. Unger in Form des römischen Konstantinbogens, während die der Stadt zugewandte Seite schlichter von C. von Gontard gestaltet wurde. Wegen des zunehmenden Verkehrs wurden 1843 die niedrigeren Durchgänge für Fußgänger eingebaut. Die ursprünglich anschließenden Wachhäuschen wurden 1891 entfernt. Seit Abbruch der Stadtmauer gut zehn Jahre später steht das Brandenburger Tor frei.

Der Luisenplatz mit Springbrunnen und Brandenburger Tor

Vom Bassinplatz zum Neuen Palais

Der heutige **Bassinplatz** entstand im Zusammenhang mit der zweiten barocken Stadterweiterung. 1737–39 wurde hier im sumpfigen Terrain ein Wasserbassin mit einer Insel gestaltet, auf deren Mitte sich ein kleiner quadratischer Ziegelpavillon als „Lustschlösschen" befand: die sogenannte **Gloriette**. In mehreren Etappen wurde das Bassin im 19. Jahrhundert zugeschüttet und der Platz gärtnerisch gestaltet. Die Gloriette hatte den Zweiten Weltkrieg überstanden, wurde jedoch zur Anlage eines Friedhofes für sowjetische Militärangehörige abgebrochen. Der Friedhof mit Gräbern der in den letzten Kriegstagen Getöteten wurde mit einem 14 Meter hohen Obelisk-Denkmal aus Lausitzer Granit gestaltet. An ihm sind die vier Waffengattungen der Roten Armee dargestellt. Südlich des Bassinplatzes entstand im 18. Jahrhundert das **Französische Quartier** für Hugenotten, die nach dem Potsdamer Edikt von 1685 nach Brandenburg kamen, da sie wegen ihres protestantischen Glaubens im katholischen Frankreich verfolgt wurden. Für deren geistigen Beistand wurde 1751–53 nach Plänen von Georg Wenzeslaus von Knobelsdorff eine eigene Kirche errichtet. Die Bauausführung erfolgte durch Jan Bouman nach dem Vorbild des Pantheons in Rom. Der Eingang der Kirche wurde nach Süden zur Französischen Straße ausgerichtet. Die **Französische Kirche** ist heute der älteste erhalten gebliebene Kirchenbau im Zentrum Potsdams.

Das Bassin und die Französische Kirche (r.). Radierung von Johann Friedrich Nagel, um 1776

Straßenzug im Holländischen Viertel

Vor der Französischen Kirche stehend ist auf dem Bassinplatz der Turm einer gelben Backsteinkirche sichtbar. Zwischen dieser Kirche und Soldatenfriedhof geht es zum nördlich des Bassinplatzes gelegenen Holländischen Viertel. Das **Holländische Viertel** ist wegen seiner Mischung aus historischer Architektur, kleinen Läden, Galerien, Kunsthandwerksgeschäften, Kneipen, Restaurants und Cafés bei in Potsdam Wohnenden ebenso beliebt wie bei Urlaubsreisenden. Das im Stil unverputzter holländischer Ziegelbauten entstandene Quartier besteht aus vier Karrees. Gebaut wurde das Ensemble für ab 1732 in Potsdam eintreffende Handwerker aus den Niederlanden – im westlichen Teil bis 1739, während der Ostteil 1741/42 errichtet wurde. Die beteiligten Architekten waren Jan Bouman, Pierre von Gayette und Andreas Berger. Es entstand eine Reihung von Giebelhäusern im Wechsel mit traufständigen Bauten. Nur wenige der Häuser wurden von den erwarteten Familien aus Holland bezogen, sodass die Häuser auch von Militärpersonen und später von handwerklich und künstlerisch Tätigen bewohnt wurden.

Zurück am Bassinplatz, erreicht man die Katholische **Propsteikirche St. Peter und Paul**. Die Kirche, deren Glockenturm nach dem Vorbild des Campanile San Zeno in Verona entstand, wurde von Friedrich August Stüler entworfen und nach dessen Tod von Wilhelm Salzenberg leicht modifiziert 1867–70 ausgeführt. Über dem Eingang grüßen die Apostel Petrus und Paulus mit der Madonna. Ein Besuch des prächtig ausgemalten Gotteshauses lohnt sich nicht nur wegen der vom Hofmaler Antoine Pesne gestalteten Altarbilder.

Die Brandenburger Straße mit Blick auf die Kirche St. Peter und Paul

Nun geht es in die Brandenburger Straße bis zur Kreuzung mit der Friedrich-Ebert-Straße. Die Brandenburger Straße ist Bestandteil der zweiten barocken Stadterweiterung, welche ab 1733 unter König Friedrich Wilhelm I. durchgeführt wurde. An der Kreuzung mit der Friedrich-Ebert-Straße, welche zur gleichen Zeit angelegt wurde und früher hier Nauener Straße hieß, ist rechts in einiger Entfernung das **Nauener Tor** zu sehen (s. Vom Alten Markt zum Pfingstberg).

Ab hier wird die Brandenburger Straße zur Fußgängerzone oder – wie manche wegen der oftmals starken Touristenströme sagen – zum **„Broadway Potsdams"**. Ursprünglich bestand sie fast nur aus zweigeschossigen Typenhäusern mit Putzfassaden, in denen Handwerker lebten. In den Dachgeschossen waren seinerzeit zusätzlich noch Militärpersonen einquartiert. Im Laufe der Zeit wurden manche Gebäude verändert, und ab Ende des 19. Jahrhunderts entwickelte sich die Straße zwischen katholischer Kirche und Brandenburger Tor immer mehr zu einer Geschäftsstraße. Das erste Kaufhaus befand sich seit 1905 in dem Gebäude mit der Nummer 30–31. Noch zu DDR-Zeiten als Kaufhaus genutzt, wurde es Mitte der 1990er-Jahre saniert und beherbergt seitdem mehrere Einzelhandelsgeschäfte. Zur gleichen Zeit entstand in der Nummer 49–52 ein weiteres Kaufhaus, welches 1931 den Namen **Karstadt** erhielt. Die von dem Architekten Carl Schmanns entworfene Jugendstilfassade wurde 1937 vereinfacht. Nach einer mehrjährigen Schließzeit, verursacht durch einen Brand, konnte das sanierte und umgebaute Haus 2005 wiedereröffnet werden. Neben der Fassade beeindruckt vor allem der erhaltene Lichthof im Inneren des Gebäudes, der einen Besuch wert ist.

Am Ende der Brandenburger Straße erreicht man das Brandenburger Tor (hierzu wie zum Luisenplatz s. Vom Hauptbahnhof zum Luisenplatz). Nach der Überquerung des Luisenplatzes geht es schräg rechts in die Allee nach Sanssouci. Dabei sind auf dem Weg links die gelben Backsteinbauten des heutigen **St. Josefs-Krankenhauses** zu sehen. Es entstand 1862 aus einem Waisenhaus und nahm zehn Jahre später mit 25 Betten die ersten zu behandelnden Menschen auf. Heute hat das Haus rund 250 Betten, und es werden hier pro Jahr etwa 30 000 Menschen aus Potsdam und Umgebung behandelt.

Geradezu, am Ende der Allee nach Sanssouci, befindet sich das **Grüne Gitter**, dem die Farbe des Tores seinen Namen gegeben hat. Das Grüne Gitter bildet den Haupteingang zum Park Sanssouci und wurde von Ludwig Ferdinand Hesse entworfen. Die Toranlage entstand im Zusammenhang mit der Errichtung der Friedenskirche. Am Tor ist ein Emblem mit den Initialen von König Friedrich Wilhelm IV. angebracht.

Hier lohnt sich ein Abstecher nach rechts in das Ensemble rund um die **Friedenskirche**. Als Kronprinz hatte der spätere König Friedrich Wilhelm IV. bei Reisen nach Italien frühchristliche Architekturen kennengelernt und war davon angetan. Das klosterähnliche Ensemble mit einer Kirche am Wasser wurde nach Ideenskizzen des Königs von Ludwig Persius begonnen und nach dessen Tod 1845 durch F. A. Stüler, L. F. Hesse und Ferdinand von Arnim ausgeführt. 1848 wurde die Kirche geweiht,

Blick in den Innenhof der Friedenskirche

sie ist auch das Grabgelege des Königs. Der Glockenturm wurde 1850 vollendet, die Nebengebäude mit Atrium, Säulenhalle, Kavaliersflügel und Kreuzgang entstanden 1850–54. Nach Plänen von Julius Carl Raschdorff wurde 1888–90 an der Nordseite des Atriums das **Mausoleum** für Kaiser Friedrich III. mit einem Marmorsarkophag von Reinhold Begas angefügt.

Das Ensemble mit der Friedenskirche steht im **Marlygarten**, dem ältesten Teil des Parks von Sanssouci. Er erstreckt sich westlich des Friedenskirchen-Ensembles. Ursprünglich befand sich hier ab 1715 der Küchengarten des Stadtschlosses. Von hier aus sah der junge Friedrich (II.) als Kronprinz den Hügel, auf dem er später das Schloss Sanssouci bauen ließ. Zeitgleich mit der Errichtung des Friedenskirchen-Ensembles wurde der Garten von Peter Joseph Lenné – vermutlich unter Mitarbeit von Gustav Meyer – als Landschaftsgarten konzipiert. Im südwestlichen Bereich des Gartens befindet sich am Weg Am Grünen Gitter die **Villa Illaire**. Sie war ursprünglich das Wohnhaus des Küchengärtners und wurde 1844–46 nach Plänen von L. Persius durch L. F. Hesse für den Kabinettsrat Ernst Emil Illaire umgebaut. Gegenüber steht ein 1841 von Albert Dietrich Schadow im italienischen Villenstil umgebautes Haus aus dem 18. Jahrhundert, welches seitdem mehrfach erweitert und umgestaltet wurde. Es ist benannt nach der **Fürstin Liegnitz**, der zweiten Ehefrau von König Friedrich Wilhelm III., die es als Witwensitz nutzte.

Der Weg Am Grünen Gitter biegt nach rechts und damit nach Norden ab. Man passiert zwei 1752 von

G. W. von Knobelsdorff entworfene Häuser, die eine Art Torsituation herstellen sollen (im Westen, links, das Gartenkassenhaus und im Osten, rechts, das Gartendirektionshaus). Weiter führt der Weg zwischen den beiden flankierenden **Sphingen** von Georg Franz Ebenhech (1755) hindurch geradeaus zum Parterre von Schloss Sanssouci, in den sogenannten Mittleren Lustgarten. Diesen erreicht man mit Überschreiten der **Tritonenbrücke** (1833/34 von L. Persius, Entwurf der Geländerreliefs von Karl Friedrich Schinkel).

Der Götterbote Hermes/Merkur im Französischen Figurenrondell an der Großen Fontäne

Am Fuße der Terrassen von Sanssouci befindet sich das **Fontänenbecken**. Die heutige Form hat es seit der Umgestaltung durch L. Persius im Jahre 1841. Die große Fontäne wurde erst 1842 in Betrieb genommen, nachdem ein neues Wasserwerk vom selben Architekten an der Havelbucht in Betrieb genommen werden konnte. Das Fontänenbecken liegt genau im Kreuzungspunkt der auf das Schloss ausgerichteten Süd-Nord-Allee und der Hauptallee von Ost nach West. Um das Becken herum befindet sich das **Französische Figurenrondell**, welches auf eine Schenkung von König Ludwig XV. zurückgeht und in der Zeit von 1749 bis 1764 entstand. Es zeigt acht Gottheiten des Olymp und vier allegorisch dargestellte Elemente: Wasser, Feuer, Erde und Luft. 1848 wurden nach Entwurf von L. F. Hesse acht Marmorbänke zwischen den Skulpturen aufgestellt.

Ab 1744 ließ König Friedrich II. den „Wüsten Berg“ neu gestalten. Zur Rahmung des Gartenraumes wurden auf beiden Seiten, entlang der Rampen, Reihen von Bäumen gepflanzt. Sechs mittig angeordnete Treppen verbinden die verschiedenen Ebenen der **Terrassen**. Hier wurde an den Treibmauern Wein gezogen und in den verglasten Nischen empfindliche Edelobstsorten wie z. B. Feigen und Aprikosen angepflanzt. Jeweils zwei Nischen auf den Terrassen sind von Eibenpyramiden (Taxus) eingefasst. In den Sommermonaten stehen zwischen diesen Pflanzen Orangenbäumchen in Kübeln und beleben durch den Wechsel von Kugel und Pyramide das Bild. Ursprünglich wurden verschiedene Weinsorten angepflanzt. Heute befinden sich hier etwa 500 Pflanzen der amerikanischen Uferrebe (Vitis riparia), die aber weder als Tafeltraube noch zur Saftgewinnung dienen.

Den Weinberg bekrönt **Schloss Sanssouci**, das auf Ideenskizzen von König Friedrich II. zurückgeht und von G. W. von Knobelsdorff geplant wurde. Der Bau wurde in den Jahren 1745-47 errichtet und war vom König dafür gedacht, sich im Sommer ohne Sorgen („Sans souci“) hierher zurückzuziehen und sich in Ruhe den Regierungsangelegenheiten, aber auch seinen vielfältigen philosophischen, musikalischen und künstlerischen Neigungen zu widmen. Es sollte kein Schloss zum Repräsentieren werden, sondern ein Ort, an dem der König sich wohlfühlen konnte und an dem er mit der Natur eng verbunden war. Deshalb wurde das Schloss auch zu ebener Erde gebaut – ohne den damals üblichen Sockel –, damit er aus den Zimmern direkt auf die Terrasse treten konnte. Die durch einen risalitartig vorspringenden

Schloss Sanssouci mit Bacchantenfiguren

überkuppelten Mittelbau betonte Gartenseite ist mit bacchantischen Figuren, welche das Gebälk tragen, lebensfroh geschmückt. Diese, wie auch die Bauplastiken auf der Balustrade, stammen vom Hofbildhauer Friedrich Christian Glume.

Östlich, also rechts vom Schloss, befindet sich ein **Halbrondell**. Hier wurden nach Plänen von L. Persius eine Marmorbank und sechs Porträtbüsten römischer Kaiser aufgestellt. In der Mitte der Rasenfläche befindet sich die Marmorskulptur Flora mit Zephyr von François Gaspard Adam. Elf Grabplatten markieren die Beerdigungsorte von Friedrichs geliebten Windhunden. Schon 1744 hatte Friedrich hier seine Grabstelle anlegen lassen. Nach seinem Tod 1786 wurde er jedoch in der Garnisonkirche beigesetzt. 1943 begann eine Odyssee des Leichnams über verschiedene Stationen bis er 1952 in die Hohenzollern-Burg in Hechingen gelangte. Erst nach der deutschen Einheit konnte Friedrich II., seinem testamentarischen Wunsch entsprechend, am 17. August 1991 hier bestattet werden.

An der Stirnseite des Schlosses vorbei nach links um den Küchenflügel herum kommt man zur Nordseite des Schlosses mit dem **Ehrenhof**. Sie ist mit korinthischen Pilastern akzentuiert und durch einen dreiachsigen Mittelrisalit gegliedert. Eine Kolonnade mit 48 Säulenpaaren rahmt den Ehrenhof halbkreisförmig ein. Die Mittelöffnung der Kolonnade gibt den Blick frei auf den **Ruinenberg** mit dem Wasserreservoir für die Fontäne im Park. Von der Anlage des Beckens bis zur Inbetriebnahme des Pumpwerkes an der Havelbucht gelang es jedoch nicht, das Becken mit ausreichend Wasser zu füllen. Das Wasserbecken ist umgeben von künstlichen antikisieren-

Figur einer Schellenspielerin am Chinesischen Haus

den Ruinen. Der Entwurf von G. W. von Knobelsdorff wurde von Innocente Bellavite ergänzt. Den Normannischen Turm fügte 1845/46 L. Persius hinzu.

Den Ehrenhof an der anderen Seite verlassend, geht es links wieder zur Schlossterrasse mit dem westlichen Halbrondell. Neben Kleopatra mit trauerndem Amor, ebenfalls von F. G. Adam, befinden sich hier sechs weitere Porträtbüsten römischer Kaiser sowie zwei weitere Begräbnisorte von Friedrichs Windhunden. Von hier aus führt der Weg zurück zum mit Pflanzenschmuck umgebenen Fontänenbecken. Das Parterre des Schlosses Sanssouci wird zweimal im Jahr mit mehr als 230 000 Pflanzen nach historischem Vorbild gestaltet. Auf dem Weg von der Fontäne zurück in Richtung Brücke besteht die Möglichkeit, direkt vor der Brücke rechts abzubiegen und am Wasser entlang zu gehen. Zunächst führt der Weg seitlich an einem Boskettgarten mit hohen Hainbuchenhecken entlang und dann in den ab 1754 angelegten, von Philipp Friedrich Krutisch und Joachim Ludwig Heydert gestalteten **anglo-chinesischen Garten**, der bis 1848 landschaftsgärtnerische Änderungen durch Peter Joseph Lenné erhielt.

Hier steht das 1754–56 durch Johann Gottfried Büring, wohl nach Skizzen Friedrichs II. errichtete **Chinesische Haus**. Auf der Dachlaterne des zeltartigen, von Palmbäumen gestützten Daches sitzt ein Mandarin mit Sonnenschirm. Diese wie auch das Skulpturenprogramm, bestehend aus sechs dreifigurigen Gruppen und zwölf musizierenden Figuren, sind aus vergoldetem Sandstein gefertigt. Das Gebäude ist ganz im Sinne der im 18. Jahrhundert die europäischen Höfe bestimmenden Chinamode gestaltet. Im Inneren befindet sich ein runder Mittelsaal, um den sich drei Kabinette gruppieren.

Vom ursprünglichen Weg links um das Gebäude führt der zweite abzweigende Weg wieder zum Parkgraben, nach rechts folgend zu einer Brücke und weiter nach links zur **Meierei**. Sie war ursprünglich von Heinrich Ludwig Manger 1788 als Gärtnerwohnhaus errichtet und 1833/34 durch L. Persius zur Meierei umgestaltet worden. Nach einer Restaurierung wird das Ensemble für gastronomische und Wohnzwecke genutzt. Rechts am Haus vorbei erreicht man einen Durchgang, der zu einer Brücke führt, hinter der man, links abbiegend, zu den Römischen Bädern gelangt.

Die **Römischen Bäder** sind eine romantische Gruppe von Häusern im italienischen Landhausstil. König Friedrich Wilhelm IV. ließ hier noch als Kronprinz, angeregt durch das Studium antiker Werke, eine Italienreise und die Ergebnisse der Ausgrabung von Pompeji, nach eigenen Ideen durch K. F. Schinkel ein Bauensemble entwerfen, welches L. Persius ausführte. Hierzu gehören am Eingang rechts das Hofgärtnerhaus (1829–31), links gegenüber das Haus des Gärtnergehilfen

Bacchus-Statue im Inneren der Römischen Bäder

(1832/33), rechts hinter dem Hofgärtnerhaus, durch eine Pergola mit diesem verbunden, der Teepavillon in Form eines römischen Tempels am See (1830) und dem Pavillon gegenüber am Parkgraben das Römische Bad (1834–36). Das Bauensemble verlassend, gelangt man links zum Schloss Charlottenhof.

Bis zur Anlage von **Schloss Charlottenhof** befanden sich hier Felder und Wiesen. Mitte des 18. Jahrhunderts wurde ein schlichtes kleines Gutshaus errichtet, welches oft den Besitzer wechselte. Den Namen erhielt es nach der früheren Besitzerin Charlotte von Gentzkow. König Friedrich Wilhelm III. erwarb das Anwesen und schenkte es dem Kronprinzen (später König Friedrich Wilhelm IV.) 1825 zu Weihnachten. Ab 1826 wurde die Gegend nach einem Plan von P. J. Lenné zu einem englischen Landschaftsgarten umgestaltet. Das vorhandene Gutshaus wurde 1826–29 nach Ideen des Kronprinzen unter der künstlerischen Leitung von K. F. Schinkel durch L. Persius großzügig zur Sommerresidenz ausgebaut und das Areal dem Park Sanssouci angegliedert. Es entstand eine Art antike Idealvilla, ein klassizistisches Gesamtkunstwerk aus Architektur und Parkanlage. Die blau-weiß gestreiften Türen und Fensterläden erinnern an die bayerische Herkunft der Frau des Kronprinzen. Mit dem Rosengarten östlich der hochgelegten Terrasse mit Brunnen, den Blick auf die Römischen Bäder und dem **Dichterhain** westlich des Schlösschens und der umgebenden Landschaft entstand ein Ensemble, welches auch als preußisches Arkadien bezeichnet wird.

Blick auf den Rosengarten von Schloss Charlottenhof

Brunnen am Hippodrom

Durch den Dichterhain hindurch, vor dem Eingang des Schlosses liegend, geht es an der Marmorkopie der sogenannten Ildefonso-Gruppe (zwei Jünglinge am Altar, von Francesco Menghi, 1837) vorbei in den bewaldeten Bereich. Nach wenigen Schritten ist das **Hippodrom** erreicht. Die von P. J. Lenné ab 1836 angelegte Grünanlage orientierte sich durch eine ursprünglich mehrfach abgestufte Randbepflanzung an antiken Pferderennbahnen mit amphitheaterartig ansteigenden Sitzreihen. Im rechten nördlichen Bereich befindet sich eine von K. F. Schinkel entworfene und von L. Persius 1844/45 ausgeführte Säulenlaube mit darunterliegender gefasster Quelle mit einer Nereide (Nymphe der griechischen Mythologie), auf zwei Hippokampen (Fabeltier: vorne Pferd hinten Fisch) reitend. Es handelt sich um einen Bronzenachguss nach einem Modell von August Kiss um 1840. Weiter führt der Weg wieder in den bewaldeten Bereich und endet am **Theaterweg**. Links einbiegend, geht es durch den Rehgarten in Richtung Neues Palais.

Der **Rehgarten** war ursprünglich ein westlich des Lustgartens von Sanssouci angrenzendes bewaldetes Jagd- und Wildrevier. Nach 1745 wurde er dem Park angegliedert. Ab 1763 gestaltete Friedrich Zacharias Salzmann ihn zu einem frühen Landschaftspark im englischen Stil um. Johann Friedrich Eyserbeck entwickelte ihn ab 1786 weiter, bis P. J. Lenné den Park nach 1816 im klassischen

Landschaftsstil überformte. In das halbrunde Parterre des Neuen Palais rechts einbiegend, gelangt man zur Hauptallee. Dieser rund zwei Kilometer lange Weg führt im Osten vom Obeliskportal über das Fontänenbecken unterhalb von Schloss Sanssouci bis im Westen zum Neuen Palais. Von hier aus hat man einen schönen Blick auf die Gartenseite des imposanten Schlossbaus, welcher den repräsentativen Fluchtpunkt der Allee bildet.

Das **Neue Palais** wurde 1763–69 von Johann Gottfried Büring, Heinrich Ludwig Manger, Jean Le Geay und Carl von Gontard als letzte bedeutende Schlossanlage des Barock errichtet. Der breit gelagerte Bau mit einer Länge von rund 240 Metern verfügt über zweieinhalb Geschosse und wird von einer 55 Meter hohen Tambourkuppel gekrönt. Es gibt mehr als 200 Räume, vier Festsäle, ein Theater und einen opulenten, aus mehr als 300 Sandsteinskulpturen bestehenden Figurenschmuck. Auf der Gartenseite des Mittelrisalites befinden sich die prächtigen Säle: im Erdgeschoss der Grottensaal und im ersten Obergeschoss der Marmorsaal. Friedrich II., welcher sich rege an der Planung beteiligte, ließ sich hier ein Sommerschloss errichten, das er selbst als „Fanfaronade“ (Prahlerei/Angeberei) bezeichnete; damit wollte er in Europa zeigen, zu welchen Prachtbauten Preußen auch nach dem Siebenjährigen Krieg (1756–63) noch fähig war. Bei näherem Betrachten der Fassade ist jedoch erkennbar, dass sie überwiegend nicht aus teuren Ziegelsteinen errichtet wurde, sondern es sich um eine Putzfassade handelt, an welcher aufgemalte Linien Ziegelsteine nur vortäuschen.

Zahlreiche Sandsteinskulpturen zieren die Fassade des Neuen Palais.

Links am Gebäude entlang gelangt man zu dem eingeschossigen südlichen **Nebentrakt**. Hier, wie auch z. T. im angrenzenden hohen Hauptbau, ließ sich der König eine eigene Wohnung herrichten, die er in der sommerlichen Festzeit selbst bewohnte. In den übrigen Wohnungen des Schlosses wurden Familienmitglieder und Gäste untergebracht. Zuletzt nutzte Kaiser Wilhelm II. das Gebäude, nachdem es mehrfach im Inneren an die modernen Zeiten angepasst worden war, bis zu seiner Abdankung als Wohnort. Geht man weiter um das Gebäude herum, erreicht man den Platz vor dem Haupteingang der Dreiflügelanlage, welcher durch die Anlage der Bauten der **Communs** zur Linken in der Art französischer „Places Royales“ gestaltet ist. Hier, auf diesem auch Mopke genannten Platz, fanden Feste und Paraden statt.

Blick auf die Communs am Neuen Palais

Die Communs bilden den westlichen Abschluss von Park Sanssouci und sind axial auf das Neue Palais ausgerichtet. Hier befanden sich die Wirtschaftsräume mit der Küche und Wohnräume für die Dienerschaft und das Hofgefolge. Heute werden sie von der Universität Potsdam genutzt. Errichtet wurden die prunkvollen Gebäude 1766–69 durch C. von Gontard, der die Pläne von J. Le Geay überarbeitet hat. Beide Gebäude sind durch eine fast 30 Meter hohe Kolonnade aus 160 korinthischen Säulen mit einem Triumphtor in der Mitte verbunden.

Vom Alten Markt zum Pfingstberg

Das Stadtschloss 1920

993 wurde Potsdam als „Poztupimi“ erstmals in einer Urkunde erwähnt. Am Zusammenfluss der Nuthe mit der Havel stand im Bereich der heutigen östlichen Burgstraße eine slawische Burg. Im Zusammenhang mit der deutschen Besiedlung des Gebietes wurde im 12. Jahrhundert zum Schutz des Havelübergangs westlich der slawischen eine deutsche Burg mit davor liegender Siedlung angelegt. Der **Alte Markt** liegt im Zentrum der historischen deutschen Siedlung. Bis 1660 hatte der Große Kurfürst Friedrich Wilhelm Potsdam und die umliegenden Dörfer erworben und Potsdam in diesem Jahr zur zweiten Residenz neben Berlin erhoben.

Der Kurfürst ließ ein neues **Residenzschloss** errichten, welches im Laufe der Zeit mehrfach erweitert wurde. Anlässlich der Krönung Friedrichs I. zum König in Preußen 1701 wurde der nach Norden offene Schlosshof von Jean de Bodt durch ein bogenförmiges Gebäude mit zentralem Fortunaportal geschlossen. 1744–52 baute der Architekt Georg Wenzeslaus von Knobelsdorff das Schloss vollständig um. Die Innengestaltung galt als ein Paradebeispiel des Friderizianischen Rokoko. Zwischenzeitlich immer wieder einmal den Hohenzollern als Wohnsitz dienend, wurden im Gebäude nach der Monarchie u. a. der Potsdamer Magistrat, die Stadtverwaltung und das Arbeitsamt untergebracht. In der NS-Zeit hatten

der Oberbürgermeister und die NSDAP-Kreisleitung hier ihren Sitz, bis das Gebäude durch einen Bombenangriff am 14. April 1945 ausbrannte und schwer beschädigt wurde. 1960 wurde das Schloss abgeräumt und verschiedene sozialistische Planungen für das Gebiet entwickelt. Der Ende der 1980er-Jahre begonnene Rohbau eines Theaters wurde nach dem Fall der Mauer 1991 abgebrochen, und nach längeren Diskussionen und einem Wettbewerb wurde 2010–13 ein Neubau in den Formen des Schlosses für den Brandenburgischen Landtag durch das Büro Peter Kulka errichtet.

Links vom Landtag, in der Humboldtstraße 5–6, befindet sich das **Palais Barberini**. Das ursprünglich „Palast Barberini" genannte Gebäude wurde 1771/72 nach Plänen Carl von Gontards anstelle von alten Bauten als neuer südlicher Abschluss des Alten Marktes gebaut und später erweitert. Die Häuser der heutigen Humboldtstraße fielen dem Zweiten Weltkrieg zum Opfer. Die Stadt entschied sich bei der Neugestaltung des Gebietes dafür, die Neubauten an den historischen Vorgängern zu orientieren. 2013–16 entstand so ein historisierender Neubau durch das Architekturbüro Hilmer & Sattler als Kunstmuseum.

Das Palais Barberini am Alten Markt

An der Ostseite des Alten Marktes mit der Hausnummer 9 befindet sich das **Alte Rathaus**. Das Gebäude wurde 1753–55 durch Jan Bouman und Christian Ludwig Hildebrandt nach einem nicht realisierten Entwurf Andrea Palladios für den Palazzo Angarano in Vicenza gebaut. Über dem Dach erhebt sich ein von Atlas mit der Weltkugel bekrönter Kuppeltambour. Die von Benjamin Giese in Blei ausgeführte Skulptur stürzte aufgrund ihres hohen Gewichtes 1776 auf die Straße und wurde ein Jahr später durch eine von Johann Christoph Wohler und Friedrich Jury in Kupfer getriebene, vergoldete Figur ersetzt. Im Turm befand sich bis 1875 das Stadtgefängnis – sicher das Gefängnis mit einer der besten Aussichten. Beim Wiederaufbau des im Krieg beschädigten Baus 1963–66 zur neuen Nutzung als Kulturhaus durch die Architekten Horst Görl und Ernst Pfrogner wurde das 1750 von G. W. von Knobelsdorff erbaute Haus Ecke Brauerstraße mit einbezogen und beide Gebäude durch einen Neubau verbunden. Seit 2012 ist hier das **Potsdam Museum – Forum für Kunst und Geschichte** untergebracht.

Das Alte Rathaus mit Atlas und Weltkugel auf der Kuppel

In der Mitte des Platzes steht ein 25 Meter hoher **Obelisk**, der 1753–55 nach Plänen von G. W. von Knobelsdorff aufgestellt wurde. An ihm befanden sich Medaillons des Auftraggebers Friedrich II. und drei seiner Vorgängerregenten. Der im Krieg beschädigte Obelisk wurde 1969 abgebaut und 1978 neu aufgestellt, wobei die

Medaillons der Hohenzollern durch Reliefs der Architekten von Knobelsdorff, von Gontard, Schinkel und Persius ersetzt wurden (Bildhauer waren Rudolf Böhm und Walter Rentzsch). Die DDR transformierte somit ein Herrschermonument zu einem Architektendenkmal.

Den nördlichen Abschluss des Alten Marktes bildet die Evangelische **Kirche St. Nikolai**, die mit ihrer mächtigen Kuppel nicht nur die Skyline Potsdams, sondern auch der umgebenden Havellandschaft prägt. Die heutige Kirche wurde auf dem Platz verschiedener Vorgängerbauten nach einem langen Planungsprozess 1830–35 nach Plänen Karl Friedrich Schinkels durch Ludwig Persius mit flachem Dach errichtet. Nach dem Tod Schinkels und des Königs beauftragte der neue König Friedrich Wilhelm IV. L. Persius 1843 mit der Ausführung der ursprünglich von Schinkel geplanten Kuppel. Nach Persius' Tod vollendete Friedrich August Stüler den Kirchenbau bis 1850 mit der Anfügung von vier Türmchen an den Gebäudeecken und der mächtigen Tambourkuppel, welche den Petersdom in Rom, den Invalidendom in Paris und die St. Paul's Cathedral in London zum Vorbild hat. Die im Krieg schwer beschädigte Kirche wurde in mehreren Abschnitten bis 1981, im Inneren verändert, wiederhergestellt. Eine grundlegende Sanierung fand erneut 2002–10 statt. Seitdem kann vom Kolonnadenumgang in 50 Metern Höhe Potsdam von oben bewundert werden.

Blick von der Aussichtsplattform der Nikolaikirche nach Süden zum Stadtschloss

Links der Nikolaikirche entsteht auf dem **Block III** genannten Areal eine Bebauung mit Mischnutzungen aus Wohnen (z. T. preisgebunden), Gastronomie,

Einzelhandel und Kultur. Entsprechend dem Leitkonzept zur Wiederannäherung an das historische Stadtbild wurde die Bebauung in neun Losen vergeben. Die Eckbauten sollen die historischen Fassaden aufnehmen oder durch architektonische Zitate das einstige Erscheinungsbild darstellen, während die anderen Bauten modern gestaltet werden dürfen, jedoch die historischen Dimensionen aufnehmen müssen. Die südliche Kante zum Landtag hin wird durch die Anna-Zielenziger-Straße und den Steubenplatz gebildet. Der Steubenplatz wurde inzwischen wieder angelegt und soll nach Fertigstellung der Bauarbeiten wieder mit dem Steubendenkmal versehen werden.

Blick von den „Acht Ecken" auf das Eingangsportal des Kutschstalls am Neuen Markt

In der gegenüberliegenden Schloßstraße wird auf dem Grundstück Nr. 1 die **Neue Synagoge** gebaut. Auf Grundlage des Entwurfes des Architekten Jost Haberland entsteht bis 2024 das Synagogen- und Gemeindezentrum der jüdischen Gemeinden. Geht man die Friedrich-Ebert-Straße entlang Richtung Norden, erreicht man die Einmündung der Schwertfegerstraße. Hier befand sich einst der sogenannte **Acht-Ecken-Platz**. Es handelte sich eigentlich um eine Kreuzung, an der nach Plänen von Georg Christian Unger 1771–74 ein Ensemble aus vier Häusern im Stil des Rokoko entstand. Der Name leitet sich von den konkav geschwungenen Ecklösungen mit zweifachen Ecken der Bauten ab, durch die eine platzartige Situation entstand. Vor Beginn der Wiederannäherung an das historische Stadtbild war nur noch ein Originalgebäude vorhanden. 2022 wurde ein an das historische Vorbild angelehnter Neubau an der Südwestecke fertiggestellt. Auf der anderen Seite der Friedrich-Ebert-Straße sollen die Neubauten architektonisch einfacher, doch mit der gleichen Ecklösung entstehen. Aufgrund der Aufweitung der Friedrich-Ebert-Straße kann das historische Bild jedoch nur annähernd wiederhergestellt werden.

In die Schwertfegerstraße einbiegend, geht es zum **Neuen Markt**. Da der Neue Markt vom Zweiten Weltkrieg und Abbrüchen danach weitgehend verschont blieb, gehört er zu den wenigen Platzensembles des Barock in Europa, welche die Zeit überdauerten. Ursprünglich befand sich hier ein Reitplatz vor dem kurfürstlichen Pferdestall. Zu Zeiten Friedrichs II. wurde der Platz mit neuen Gebäuden damals bedeutender Baumeister umgeben. Für die Ratswaage, bis 1875 Königliche Waage, wurde 1836 in der Mitte des Platzes nach Plänen von Christian Heinrich Ziller ein tempelartiger klassizistischer Neubau errichtet, der heute ein Restaurant beheimatet. Zentraler Blickpunkt des Platzes ist, von der Schwertfegerstraße kommend, der ehemalige **Kutschstall**, der 1787–89 nach Plänen von Andreas Ludwig Krüger für die königlichen Kutschpferde entstand. Ein frühklassizistischer Säulenportikus bildet den repräsentativen Zugang, auf dem sich eine Quadriga mit dem Leibkutscher Friedrichs II. befindet. Nach

Der Stadtkanal an der Yorckstraße

dem Zweiten Weltkrieg gab es hier Obst- und Gemüsehandel. 1997 übernahm das Land Brandenburg die Liegenschaft, um hier das Museum Haus der Brandenburg-Preußischen Geschichte unterzubringen.

Durch die Seifertstraße führt der Weg zur **Yorckstraße**. Gleich links steht das **Haus 18–20**. Die Fassade dieses 1771–76 erbauten Wohn- und Manufakturgebäudes wurde in französischer Palastarchitektur durch C. von Gontard gestaltet, während den übrigen Bau Friedrich Wilhelm Titel ausführte. Der König bezuschusste diese aufwendige Gestaltung für den Glasschleifer Johann Christoph Brockes, der auch am Bau des Neuen Palais mitwirkte. Nach wechselnden Nutzungen, u. a. als Oberrechnungskammer (Vorläufer des Rechnungshofes), beherbergt es jetzt Eigentumswohnungen.

In der Yorckstraße befindet sich der **Stadtkanal**. Bis 1722 verlief hier die Stadtgrenze Potsdams. Den zur Entwässerung angelegten Graben ließ König Friedrich Wilhelm I. begradigen, vertiefen und in seine heutige Form bringen. Die Ufer wurden unter Friedrich II. durch den Oberhofbaurat Heinrich Ludwig Manger durch stabile Uferwände und kunstvolle Eisengeländer aufgewertet. Der Kanal begann im Osten am Kellertor und führte auf einer Strecke von 1840 Metern Länge über die Straßen Am Kanal, Yorckstraße und Dortustraße zurück zur Havel am Wassertor. Wegen der geringen Fließgeschwindigkeit und der Nutzung als Kloake gab es immer wieder, schon 1809, Beschwerden und Wünsche, ihn zuzuschütten. Dies erfolgte im Rahmen der sozialistischen Stadtumgestaltung in den 1960er-Jahren. Zur Bundesgartenschau 2001 wurde ein Teilstück des noch unter der Deckschicht vorhandenen Kanals wieder freigelegt. Die gesamte, nicht unumstrittene, Wiederherstellung des Kanals ist langfristig geplant; zurzeit wird Wasser nur kurzzeitig für Sportevents (Kanu-Kanalsprint) eingelassen.

Die Fußgängerbrücke führt in die erste barocke Stadterweiterung von 1722. Diese unter dem Soldatenkönig Friedrich Wilhelm I. ausgeführte Erweiterung diente hauptsächlich der Einquartierung von Soldaten. Von den schlichten Häusern sind in diesem Bereich der Stadt durch die flächendeckende Erneuerung des Areals unter Friedrich II. keine Bauten mehr vorhanden. In der Wilhelm-Staab-Straße 10/11 befindet sich der **Nikolaisaal**. 1909 hatte sich die Nikolai-Kirchengemeinde nach Plänen von Richard Herzner hier einen Gemeindesaal bauen lassen, der nach dem Zweiten Weltkrieg auch als Rundfunksende- und Konzertsaal genutzt wurde. 1984 wurde das Gebäude an die Stadt übertragen und nach der Wiedervereinigung durch den französischen Architekten Rudy Ricciotti zu einer modernen Kulturstätte gestaltet.

Ehemaliges Wohnhaus Wilhelmplatz 8, heute Platz der Einheit 78, 1945 zerstört

Rechts durch die Ebräerstraße geht es zum **Platz der Einheit**. Ursprünglich befand sich hier der Faule See, der ab 1724 zugeschüttet und schrittweise mit einer Umbauung versehen wurde. Zwei weitere Umgestaltungen erfolgten im 19. Jahrhundert durch Peter Joseph Lenné. Zunächst wurde der Platz Wilhelmplatz, nach König Friedrich

Wilhelm II., genannt. Im Zusammenhang mit der Zwangsvereinigung von SPD und KPD 1946 wurde der Platz in Platz der Einheit – gemeint war die Einheit der Arbeiterparteien – umbenannt. Die heutige Gestalt erhielt der Platz durch die Landschaftsarchitekten WES & Partner anlässlich der Bundesgartenschau 2001. Am Ostrand des Platzes befand sich die **Potsdamer Synagoge** von 1903, der erste Synagogenbau stand hier bereits 1768. In der Reichspogromnacht (9./10. November 1938) wurde die Synagoge durch die Nationalsozialisten geschändet und im April 1945 durch Bomben zerstört. 1954 wurden die Reste abgeräumt und durch eine neue Wohnbebauung ersetzt. Eine Gedenktafel an einem dieser Gebäude erinnert daran. An der Südostecke der Bebauung steht das 1894–1900 nach Plänen von Ernst Hake entworfene Potsdamer **Hauptpostamt**. Auf dem Platz an der Ecke vor dem Hauptpostamt befindet sich seit 1975 das **Mahnmal für die antifaschistischen Widerstandskämpfer** von Werner Berg und Joachim Fitzermann mit einer Flammenschale aus Edelstahl von Christian Roehl. Auf der Platzseite gegenüber der Friedrich-Ebert-Straße steht seit 1990 das von Mehmet Aksoy geschaffene **Denkmal des unbekannten Deserteurs**, welches ursprünglich in Bonn aufgestellt werden sollte.

Flammenschale am Mahnmal für die antifaschistischen Widerstandskämpfer auf dem Platz der Einheit

Der Friedrich-Ebert-Straße nach Norden folgend, quert man die **Charlottenstraße**. Sie bildet die Grenze zwischen der ersten und der zweiten barocken Stadterweiterung. Der Charakter dieser ab 1733 ausgeführten

Stadterweiterung mit einer zweigeschossigen geschlossenen Bebauung in Straßenkarrees ist noch gut nachvollziehbar. Die nächste Querstraße ist die Brandenburger Straße, der „Broadway Potsdams“ (s. Vom Bassinplatz zum Neuen Palais), nach etwa 300 Metern wird schließlich das **Nauener Tor** erreicht. Durch dieses im Zuge der Stadterweiterung angelegte Tor verließ man Potsdam in Richtung der Stadt Nauen, welche sich nordwestlich befindet. Das ursprünglich 1733 errichtete kleinere Stadttor wurde nach einer Idee des Königs im gotischen Stil 1754–55 durch Johann Gottfried Büring umgestaltet und vergrößert. Bei dem von Friedrich II. skizzierten Umbau handelt es sich um den ersten neogotischen Bau auf dem europäischen Kontinent. Sein heutiges Aussehen mit der spitzbogigen Durchfahrt erhielt das Tor aber erst 1867–69.

Weiter geradeaus geht es in die **Nauener Vorstadt**. 1752 verfügte König Friedrich II., einen Friedhof vor dem Nauener Tor anzulegen. Da der Friedhof sehr klein und die Geruchsbelästigung stark war, ließ dessen Nachfolger, Friedrich Wilhelm II., 1796 den Friedhof wieder schließen. Der Gartenbaumeister P. J. Lenné nutzte die Fläche anschließend als Baumschule und Versuchsgarten. 1872 beschloss die Stadt, das Gelände zu parzellieren und die Baugrundstücke zu verkaufen, auf denen nur Villen errichtet werden durften. So entstand beispielsweise auf dem Grundstück Hegelallee 1 die **Villa Quistorp** nach Plänen von Ernst August Petzholtz als klassizistische Turmvilla, gegenüber schuf Heino

Die Südseite des Nauener Tors im Jahr 1913

Schmieden 1886/87 einen monumentalen Putzbau in üppigen Renaissanceformen als Versicherungsgebäude, in dem heute das **Verwaltungsgericht** untergebracht ist. In der Friedrich-Ebert-Straße 83 befindet sich das Grundstück des ehemaligen Hofgärtners Heydert. Das wohl bereits um 1800 entstandene Wohngebäude wurde 1846 von Ludwig Ferdinand Hesse im italienischen Villenstil umgebaut. Der Pavillon an der Straße stammt aus dem Jahr 1901. Ein sehenswertes Ensemble stellt die Friedrich-Ebert-Straße 82 dar. Ein im Kern aus dem Jahr 1796 stammendes Haus wurde 1873/74 umgebaut und mit Seitenflügeln in Neurenaissanceformen versehen.

Blick auf die Villa Heydert in der Friedrich-Ebert-Straße 83

Das große Gebäude in neobarocken Formen auf dem Grundstück 79–81 ist heute Sitz des Oberbürgermeisters von Potsdam und der Stadtverordnetenversammlung. Errichtet wurde es 1902–07 nach Entwürfen von Paul Kieschke unter der Bauleitung von Traugott von Saltzwedel als **Regierungsgebäude des Regierungsbezirks Potsdam** in der preußischen Provinz Brandenburg. Auf Wunsch von Kaiser Wilhelm II. wurde der Turm in Anlehnung an den Turm des Schlosses Charlottenburg (Berlin) gestaltet. Zu DDR-Zeiten befanden sich hier die Räte des Stadt- und Landkreises Potsdam.

Entlang der Straße befindet sich eine Reihe weiterer Gebäude aus der Frühzeit der Bebauung wie z. B. das Haus Nr. 37: eine spätklassizistische Villa von 1874 nach dem Entwurf von Reinhold Persius, Nr. 58: eine Villa von 1887 nach Plänen von E. A. Petzholtz und die Villa Nr. 63 in strengen klassizistischen Formen nach einem Entwurf von Ferdinand von Arnim für den Königlichen Kammerdiener Max Arndt von 1860/61.

Damit ist auch die **Russische Kolonie Alexandrowka** erreicht. Die Anlage wurde 1826–28 für ehemalige russische Kriegsgefangene gebaut, die nach den Befreiungskriegen von Zar Alexander I. dem König überlassen wurden und einen Chor innerhalb der preußischen Armee bildeten. Nach dem Tod des befreundeten Zaren 1825 ließ Friedrich Wilhelm III. eine Kolonie in Form russischer Militärdörfer anlegen. Den Plan entwarf P. J. Lenné in der Form eines Hippodroms, in welchem durch sich kreuzende Alleen ein Andreaskreuz nachempfunden ist. Andreas ist der Nationalheilige Russlands. Die 13 Häuser, zwölf für die verbliebenen Chormitglieder und eines für den Aufseher, wurden unter der Leitung von Adolf Snethlage in der Art russischer Blockhäuser errichtet und von großen Gärten zur Selbstversorgung umgeben. In Haus 2 befindet sich ein **Museum** zur Kolonie und in Haus 1 eine **Teestube**. Geht man vom Schnittpunkt der Alleen Richtung Nordosten, erreicht man die Puschkinallee. Auf der linken Seite befindet sich gegenüber von Haus 5 ein Übergang über die Straßenbahngleise, welcher in den Weg nach links oberhalb zum Kapellenberg führt. Dort steht die russisch-orthodoxe

Blockhaus in der Kolonie Alexandrowka

Alexander-Newski-Gedächtniskirche. Karl Friedrich Schinkel hatte die Entwürfe des Petersburger Architekten Wassili Petrowitsch Stassow angepasst und mit klassizistischen Elementen versehen. Die Bauausführung der quadratischen Kirche mit einer Zentral- und vier Nebenkuppeln 1826–29 oblag wiederum A. Snethlage. Von ihm stammt auch das hinter der Kirche liegende „Blockhaus", in dem der Priester im Erdgeschoss wohnte und sich ein Teezimmer des Königs im Obergeschoss befand. Die Fahrstraße bergab zweigt rechts ein Weg ab, der zur Puschkinallee führt.

Grabsteine auf dem Jüdischen Friedhof in der Puschkinallee

In der Puschkinalle 18 befindet sich der Zugang zum **Jüdischen Friedhof** Potsdams. 1743 entstand die Jüdische Gemeinde der Stadt, die drei Jahre später das Gelände, damals weit vor den Toren der Stadt, von König Friedrich II. als Begräbnisort geschenkt bekam. Der Friedhof ist im Laufe der Zeit mehrfach erweitert worden und erhielt 1910/11 nach Plänen von Carl Börnstein und Emil Kopp eine Trauerhalle in Form eines antiken Tempels mit Tambour und dorischen Portikus. Die Eingangstür rahmt ein ägyptisches Motiv. Die Nationalsozialisten schändeten den Friedhof und plünderten die Trauerhalle. Zu DDR-Zeiten wurde diese zeitweilig als Sarglager genutzt. Nach 1991 konnte die Anlage denkmalgerecht saniert werden, seitdem finden hier auch wieder Beerdigungen statt.

Rechts vom Friedhof führt ein Weg entlang der Friedhofsmauer auf den 76 Meter hohen **Pfingstberg mit dem Belvedere**. Nach Ideen von Friedrich Wilhelm IV. wurde ein Teil einer größer geplanten Anlage im Stil italienischer Renaissancevillen mit Kaskaden und Terrassen zum Neuen Garten hin als Aussichtspunkt errichtet. Die Entwürfe wurden von L. Persius, F. A. Stüler und L. F. Hesse angefertigt und in zwei Phasen, 1847–52 und 1861–63, realisiert, ohne jedoch das Projekt zu vollenden. Entstanden sind ein oberer Hof mit Bassin (Bewässerung des Neuen Gartens), dahinter zwei 25 Meter hohe Türme, durch eine Bogengalerie miteinander verbunden, sowie zwei Pfeilerhallen, ein Eingangsgebäude und zwei Flügelmauern. Die Gartenanlage gestaltete P. J. Lenné. In DDR-Zeiten war das Ensemble dem Verfall preisgegeben, hätte man doch von dort einen Blick auf die Grenzanlagen nach Berlin (West) erhaschen können. Aus einer noch in der DDR gegründeten Bürgerinitiative entstand der Förderverein Pfingstberg, der das Ensemble, das zur Aussicht in rund 100 Metern Höhe einlädt, bis heute betreibt. Etwas unterhalb steht der **Pomonatempel** – ein kleiner Pavillon in Form eines viersäuligen ionischen Tempels. Er ist der erste von K. F. Schinkel realisierte Bau (1800/01).

Kolonnaden am Belvedere auf dem Pfingstberg

Glienicker Brücke, Berliner Vorstadt und Neuer Garten

Die Statue Nike 89 an der Glienicker Brücke

Die heutige Glienicker Brücke ist bereits die vierte Brücke an dieser Stelle. Sie wurde 1907 unter der Leitung des Baurates Eduard Fürstenau errichtet. Die kriegszerstörte Brücke wurde nach dem Zweiten Weltkrieg zunächst durch eine hölzerne Notbrücke ersetzt und schließlich bis 1949 wiederhergestellt. Ein weißer Strich quer über die Brücke kennzeichnete die Grenze zwischen Berlin und Potsdam und damit zwischen West und Ost. Ab 1952 war nur noch Fußgängerverkehr möglich, 1953 folgten weitere Einschränkungen, und mit dem Mauerbau 1961 wurde die Brücke komplett gesperrt. Lediglich Angehörige der alliierten Streitkräfte durften sie nutzen. An drei Tagen gelangte die Brücke in das Licht der Weltöffentlichkeit: Am 10. Februar 1962, am 11. Juni 1985 und am 11. Februar 1986 wurden hier spionierende Personen zwischen Ost und West ausgetauscht. Am 10. November 1989 wurde die Brücke im Rahmen des Mauerfalls wieder für alle geöffnet. Südlich der Brückenauffahrt erinnert die zehn Jahre später aufgestellte Skulptur **Nike 89** von Wieland Förster an den Fall der Mauer und an die Menschen, die

Das Berliner Tor wurde nach Kriegszerstörung 1950 abgetragen. Aufnahme von 1912

sich für die Demokratie in der DDR eingesetzt haben. **Berliner Vorstadt** wird der Bereich beiderseits der Berliner Straße zwischen dem ehemaligen Berliner Tor (in Höhe Türkstraße) und der Glienicker Brücke genannt. Die Straße ist Bestandteil der ersten gepflasterten Chaussee in Preußen (1789–95) und bis heute Teil der Bundesstraße 1. Im 18. Jahrhundert war die Gegend noch landwirtschaftlich-gärtnerisch geprägt. Im 19. Jahrhundert entstanden im südlichen Bereich Kasernenkomplexe und im nördlichen Bereich ein bevorzugtes Wohnquartier mit zahlreichen Villen, welches jetzt unter Ensembleschutz steht. Hier gab es z. B. ein jüdisches Mädchenheim, welches von den Nationalsozialisten in eine Reichsführerschule der Hitlerjugend umgewandelt wurde (Berliner Straße 90); hier wohnten Menschen, die im Widerstand gegen die Nationalsozialisten tätig waren (Helmut von Gottberg, Mangerstraße 26; Ulrich von Hassell, Seestraße 36–37); hier befanden sich die Militärverbindungsmissionen Großbritanniens (Seestraße 35/37) und Frankreichs (Seestraße 41/42), und hier wohnen auch heute noch Prominente wie z. B. Wolfgang Joop, Günther Jauch, Kai Dieckmann und Ulrich Meyer.

In der Villa Seestraße 41/42 hatte die französische Militärverbindungsmission ihren Sitz.

In der Villa Schöningen an der Berliner Straße 86 ist heute ein Museum untergebracht.

Ein schönes Beispiel für die Villenarchitektur des 19. Jahrhunderts ist das direkt an der Brücke stehende Gebäude Berliner Straße 86/Ecke Schwanenallee. 1826 war bereits ein Haus errichtet worden, welches aber den Hohenzollern im Schloss Glienicke auf der anderen Brückenseite nicht gefiel. Sie sorgten dafür, dass der Hofmarschall Kurd Wolfgang von Schönig das Grundstück erwarb. Für ihn entwarf Ludwig Persius eine repräsentative, vielgestaltige **Turmvilla im italienischen Stil**, die 1843/44 gebaut wurde. Nach dem Tod des Besitzers von Schönig wechselte die Villa mehrmals den Eigentümer. Direkt nach der Reichspogromnacht (9./10. November 1938) ging der jüdische Besitzer in den Freitod – seine Frau emigrierte. Die Nationalsozialisten nutzten das Haus als Bibliothek und Militärdienststelle bis zur Besetzung durch die sowjetische Armee. Nach deren Auszug 1950 belegte der Freie Deutsche Gewerkschaftsbund das Gebäude und teilte es sich mit einer Kinderbetreuungseinrichtung bis zu seinem Auszug. Die Kindereinrichtung nutzte das Haus, das während der Zeit der Berliner Mauer direkt im Grenzgebiet lag, bis 1992. Nach Rückübertragung an die jüdische Familie und mehreren Besitzerwechseln sowie Verfall des Gebäudes erwarben Mathias Döpfner und Leonhard H. Fischer 2007 das Anwesen und ließen es inklusive des von Peter Joseph Lenné und Gustav Meyer gestalteten Gartens denkmalgerecht wiederherstellen. Seit 2009 beherbergt es ein Museum.

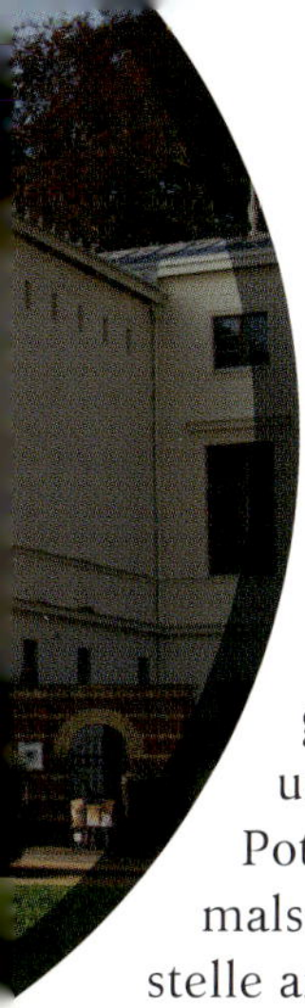

Die Schwanenallee entlanggehend, passiert man eine **Gruppe von drei Landhäusern** (Nr. 4, 5 und 5 a), welche zwischen 1934 und 1938 von einem der erfolgreichsten Potsdamer Architekturbüros der 1930er-Jahre gebaut wurde. Das Büro von Otto von Estorff und Gerhard Winkler hat rund 60 Bauten in Potsdam hinterlassen, die sämtlich unter Denkmalschutz stehen, so z. B. auch die ehemalige Tankstelle an der Berliner Straße 88. Ihr handwerklich solider Landhausstil kann als eher konservativ betrachtet werden. In vielen Fällen arbeiteten sie mit bekannten landschaftsgestaltenden Personen wie Karl Foerster, Hermann Mattern und Hertha Hammerbacher zusammen.

In der Schwanenallee 7 befindet sich die ehemalige **Matrosenstation Kongsnæs**. Der begeisterte Segler und Skandinavienfan Kaiser Wilhelm II. ließ die bereits vorhandene Bootsanlegestelle 1892–96 durch den norwegischen Architekten Holm Hansen Munthe in einer Stilmischung aus skandinavischen Stabkirchen und Wikingerornamenten mit „Ventehalle“ (Wartehalle), Bootshaus mit Maschinistenwohnung, Matrosenkaserne und Dienst-/Wohnhaus für den Stationsleiter bauen. Die an Land stehenden Bauten wurden in der Weimarer Republik zu Wohnraum hergerichtet und das Empfangsgebäude am Wasser von Wassersportvereinen genutzt. 1945 brannte dieses aus. Die Reste wurden im Zusammenhang mit der Anlegung des Grenzstreifens 1961 beseitigt. Ein privater Investor ließ die „Ventehalle“ als Restaurant in historischen Formen bis 2018 neu errichten.

Die ehemalige Matrosenstation Kongsnæs

Geradeaus geht es über die Schwanenbrücke – das Originalbauwerk mit Schwanenschmuck von Albert Dietrich Schadow ging im Zweiten Weltkrieg verloren –, welche den Hasengraben überquert, in den Neuen Garten.

Der **Neue Garten** mit einer Fläche von 102,5 Hektar geht auf König Friedrich Wilhelm II. zurück. Bereits als Kronprinz hatte er 1783 ein erstes Grundstück mit Weingarten am Heiligen See erworben. Ein Jahr nach seinem Regierungsantritt berief er den zuvor in Wörlitz tätigen Johann August Eyserbeck, damit dieser 1787–97 einen Park nach damaligem englischen Vorbild anlegen konnte. Weitere Flächen wurden sukzessive hinzuerworben, die darauf vorhandenen Häuser in den Park integriert und nach ihrer Farbe benannt. 1816-25 gestaltete P. J. Lenné den Park zu einem modernen englischen Landschaftspark, mit ausgedehnten Rasenflächen und Sichtbeziehungen weit in die Landschaft hinein, um. 1927 übernahm die Verwaltung der Staatlichen Schlösser und Gärten den Park. Nach dem Zweiten Weltkrieg wurde er als Kultur- und Erholungspark der sowjetischen Armee genutzt und 1954 wieder an die Verwaltung der Staatlichen Schlösser und Gärten zurückgegeben. Durch die Anlage der Grenzsicherung der DDR entlang des Jungfernsees in Richtung Berlin (West) gingen dem Park 1961 13 Hektar Fläche verloren, die seit dem Mauerfall 1989 Stück für Stück wiederhergestellt werden.

Der Hasengraben von der Schwanenbrücke aus gesehen

Im Neuen Garten dem Uferweg folgend, erreicht man die Landspitze Quapphorn. Hier steht die 2006/07 im Äußeren wiederhergerichtete **Eremitage**. Das von Carl

Gotthard Langhans entworfene Häuschen war 1796 durch Johann Gottlieb Brendel erbaut und im Zuge des Baus der Grenzsicherungsanlagen 1964 abgerissen worden. 2012 wurde auch die Borkenverkleidung wiederhergestellt. Die ursprünglich aufwendige Innengestaltung des von König Friedrich Wilhelm II. wahrscheinlich für spiritistische Treffen genutzten Bauwerks harrt noch der Wiederherstellung.

Weiter am Ufer entlang zweigt rechts ein Weg nach unten in Richtung Wasser ab. Er führt zur **Muschelgrotte**, die 1791–94 nach Plänen von Andreas Ludwig Krüger in die künstlich angelegte Uferböschung eingebaut wurde. Durch die Fassade aus Raseneisenstein und Tuff sollte sie wie eine natürliche Grotte wirken, die im Inneren mit Muscheln, Mineralien, Glas und Spiegeln ausgestaltet wurde. Durch große Fenster fiel vom See aus das Licht in das dreiteilige Innere, welches an warmen Sommertagen als Aufenthalts- und Speiseort diente.

Der Eingang zur Muschelgrotte im Neuen Garten

Wieder zum Hauptweg zurückkehrend, erreicht man rechts die **Meierei** im nördlichsten Punkt des Parks. Zu dem von König Friedrich Wilhelm II. geplanten landschaftlichen Bild passten weidende Kühe. Zur Verarbeitung der Milch errichtete A. L. Krüger nach Plänen von C. G. Langhans 1790–92 eine Meierei im gotischen Stil. 1843/44 wurde diese nach Plänen von L. Persius unter Leitung von Ludwig Ferdinand Hesse im normannischen Stil erweitert

und umgestaltet. 1862 erfolgten ein erneuter Umbau und eine Erweiterung um ein Pumpwerk mit Schornstein zur Bewässerung des Parkes. Die Nutzung als Ausflugsgaststätte seit der Weimarer Republik konnte – mit der Unterbrechung durch einen Brandschaden kurz nach Ende des Zweiten Weltkriegs und dem anschließenden Leerstand durch das Grenzregime bis zur Wende – 2003 wieder aufgenommen werden, nachdem die Ruine durch das Büro Putzmann und Partner wiederhergestellt wurde.

Die Schornsteine auf Schloss Cecilienhof im Tudorstil sind alle Einzelstücke.

Geht man den Uferweg ein Stück zurück, zweigt schräg rechts ein Pfad in Richtung Schloss Cecilienhof ab. Auf dem Weg dorthin wird die **Borkenküche** passiert. Diese kleine Küche wurde 1796 für die Muschelgrotte errichtet, verfiel aber im Laufe der Jahre. 2012 wurde sie neu errichtet und zwei Jahre später erneut mit Eichenborke verkleidet. Von hier aus sind es nur noch wenige Schritte zum **Schloss Cecilienhof**. Gleich der erste Weg links führt zum vorspringenden Gebäudeteil an der Nordseite des Schlosses.

Hinter der aus 98 Bleiglasscheiben bestehenden Verglasung befindet sich der zentrale Raum des Schlosses, welches 1913–17 nach Plänen von Paul Schultze-Naumburg für das Kronprinzenpaar Wilhelm und Cecilie im Stil englischer Landhäuser errichtet wurde. Die vielgestaltige Anlage mit fünf Höfen kaschiert die Größe des Gebäudes mit 176 Zimmern. Die über zwei Geschosse reichende Wohnhalle wurde zu dem Raum, in dem sich zur **Potsdamer Konferenz** (offiziell „Dreimächtekonferenz von Berlin“) vom 17. Juli bis 2. August 1945 die Spitzen der Delegationen der USA, der Sowjetunion und Großbritanniens, unter der Leitung von Harry S.Truman, Josef Stalin und Winston Churchill bzw. Clement Attlee (ab 28. Juli), trafen. Beraten wurde über die Neuordnung Europas und die Zukunft Deutschlands sowie über Themen, die Asien betrafen. 1952 wurde im Schloss eine Gedenkstätte zur Konferenz eingerichtet und 1960 im Westflügel ein Hotel untergebracht. Weiter- und am Prinzengarten rechts um das Schloss herumgehend, kann der Innenhof besichtigt werden. Dieser Innenhof, welcher ursprünglich als Vorfahrt nur dem Kronprinzenpaar vorbehalten war, war der Zugang zur Konferenz. Stalin ließ für die Konferenz durch den Gartenoberinspektor Paul Molske einen Sowjetstern aus roten Blumen anfertigen, der bis heute Bestandteil der Gedenkstätte ist, um die Konferenzteilnehmenden in seinem Sinne einzustimmen. Von hier aus sind auch viele der 55 Schornsteine im Tudorstil zu sehen, die alle Einzelstücke sind.

Der rote Stern im Innenhof des Schlosses erinnert an die Potsdamer Konferenz.

Das Schloss Cecilienhof wieder verlassend, führt der Weg geradezu in den Park hinein. Bei der späteren

Gabelung des Weges den rechten nehmend, gelangt man ans Ufer des Heiligen Sees. Hier abermals sich rechts haltend, geht es in Richtung Marmorpalais. Dabei ist rechts auf der Wiese die **Pyramide** zu sehen. Sie wurde 1791/92 von A. L. Krüger aus Kalkstein als Eiskeller errichtet.

Details an der Fassade des Marmorpalais

Das in mehreren Etappen entstandene **Marmorpalais** ist ein bedeutendes Beispiel des preußischen Frühklassizismus. Da sich König Friedrich Wilhelm II. in Sanssouci nie wohl fühlte, ließ er sich nach Plänen von Carl von Gontard 1787–91 eine gemauerte, zweigeschossige, mit Marmor bekleidete Villa als Sommerresidenz direkt am Heiligen See errichten. Ein Belvedere auf dem Dach bot herrliche Aussichten in die damals noch unverbaute Landschaft. Die Gestaltung der Innenräume wurde 1790–92 durch C. G. Langhans realisiert. 1797 wurden die beiden Seitenflügel von Michael Philipp Boumann angefügt, die sich noch im Rohbau befanden, als der König starb. Erst unter Friedrich Wilhelm IV. wurden sie 1843–49 von Ludwig Ferdinand Hesse fertiggestellt. Von 1882 bis 1913 war das Gebäude der Sommersitz der deutschen Thronfolger. 1927 übernahm die Verwaltung der Staatlichen Schlösser und Gärten das Haus, das durch Kriegseinwirkungen beschädigt wurde und anschließend als Offizierskasino der sowjetischen Armee diente. Von 1961 bis 1989 beherbergte es das Armeemuseum der DDR. Die 1988 begonnene Restaurierung konnte 2006 abgeschlossen werden.

Geht man am Marmorpalais vorbei und weiter geradeaus, ist links auf dem Rasendreieck ein **Obelisk** zu sehen, der 1793/94 von C. G. Langhans aus blaugrauem Marmor hergestellt wurde. Die vier Marmormedaillons, von den Brüdern Wohler angefertigt, stellen Männerköpfe in verschiedenen Lebensaltern dar und symbolisieren die vier Jahreszeiten. An der nächsten Abzweigung gelangt man zum sogenannten Holländischen Etablissement. Zuvor jedoch ist am Ende des rechts abgehenden Weges die Stirnseite der Orangerie zu sehen. Sie wurde nach Plänen von C. G. Langhans durch A. L. Krüger 1791–93 ausgeführt. Sie ist ein langgestreckter Bau mit bodentiefen Rundbogenfenstern und in der Mitte durch einen als Risalit ausgeführten Palmensaal gegliedert, welcher von Anfang an als Konzertsaal genutzt wurde. Die Stirnseite mit dem Haupteingang wurde in ägyptischen Formen mit einer Sphinx von Johann Christoph Wohler und Wächterfiguren von Johann Gottfried Schadow gestaltet.

Häuser im Holländischen Etablissement

Das **Holländische Etablissement** entstand 1789/90 als ein holländisches Musterdorf mit dem Flair des Landes, welches damals als das kultivierteste in Europa galt. An einem als Vorbild für den preußischen Chausseebau angelegten Straßenstück wurden Kavaliers- und Dienerschaftsgebäude mit Ställen und Wagenremise mit typischen holländischen Giebeln errichtet. Diese wurden 1906 erweitert und nach 1945 teilweise durch Anbauten verunstaltet. Heute werden die Gebäude als Wohnhäuser genutzt.

Vor den Torbauten des Parkeingangs links einbiegend, liegt am rechten Wegesrand das **Braune Haus**, welches schon vor der Parkanlage errichtet wurde. Am Ende des Weges links haltend, geht es um den **Treffpunkt Freizeit** herum. Dieses Gebiet und das Gebäude, welches 1950/52 auf Initiative der sowjetischen Militäradministration als Kinder- und Jugendeinrichtung entstand, wurde 1990 erhalten und wird heute für vielfältige Aktivitäten genutzt. In den Uferweg rechts einbiegend, geht es zur Gotischen Bibliothek.

Die **Gotische Bibliothek** steht am südlichsten Punkt des Neuen Gartens. Das zweigeschossige, achteckige Gebäude entstand 1792–94 nach Plänen von C. G. Langhans in neugotischen Formen als Bibliothek König Friedrichs II. und Aussichtspunkt. Die Bücher wurden in den 1930er-Jahren in das Potsdamer Stadtschloss gebracht. Wegen eines Bombeneinschlags im Heiligen See im Zweiten Weltkrieg sackte das Gebäude in Richtung Wasser ab und verfiel im Laufe der Zeit. Seinerzeit wurde es „Schiefer Turm von Potsdam" genannt. Zur 1000-Jahrfeier Potsdams 1993 überreichte die Stadt Berlin eine großzügige Spende für die Sanierung des Gebäudes. Unter Zuhilfenahme weiterer Fördergelder wurde sie 1993–98 abgetragen, neu fundamentiert und wieder aufgebaut.

Griebnitzsee, Babelsberg, Nowawes und Neuendorf

Der heutige **Bahnhof Griebnitzsee** wurde 1874 für die Erschließung der neu angelegten Villenkolonie Neubabelsberg gebaut. 1938 erfolgte die Umbenennung von Neubabelsberg in Babelsberg-Ufastadt, seit 1949 heißt er Griebnitzsee. Das Empfangsgebäude des S-Bahnhofes entstand 1930/31 im Stil der Neuen Sachlichkeit durch den Reichsbahnarchitekten Günther Lüttich und ist fast unverändert erhalten geblieben. Nach der Betriebsunterbrechung aufgrund des Mauerbaus hielten aus Berlin kommende Dieselzüge hier wieder ab Januar 1990. Der S-Bahnbetrieb zwischen Wannsee und Potsdam wurde im April 1992 aufgenommen.

Die **Villenkolonie Neubabelsberg** oder auch Griebnitzsee steht in engem Zusammenhang mit dem Wachstum der Siedlungen im Berliner Umland und dem Gründerboom nach 1871. Die Villenkolonie, in der sich wohlhabende Menschen aus Berlin und später auch schauspielerisch Tätige der Babelsberger Filmstudios niederließen, entstand nach den Plänen des Architekturbüros Hermann Ende und Wilhelm Böckmann.

Gartenseite der „Truman-Villa" in der Karl-Marx-Straße 2. Aufnahme vom 13. Juli 1945

Die Rudolf-Breitscheid-Straße links entlang führt der Weg zur Kreuzung mit der Karl-Marx-Straße. Die **Villa** auf dem Grundstück Nr. 2 wurde 1891/92 nach Entwürfen der Architekten Carl von Großheim und Heinrich Joseph Kayser für den Verleger Carl Müller-Grote errichtet. Hier wohnte US-Präsident Harry S. Truman mit seiner Delegation während der Potsdamer Konferenz (17. Juli bis 2. August 1945) und gab von hier aus am 24. Juli 1945 den Befehl zum Abwurf der Atombomben auf Japan. Nach dem Erwerb des Grundstücks durch die Friedrich-Naumann-Stiftung wurde die Villa 1999–2001 saniert, und 2000 wurde durch den Architekten Diethelm Hoffmann ein Erweiterungsbau angeschlossen.

Die sogenannte Lilienthal-Burg diente als Ufa-Gästehaus.

Das Haus Karl-Marx-Straße 66 mutet in seinem Architekturstil wie eine kleine Burg an. Nach dem Architekten Gustav Lilienthal – dem Bruder des Flugpioniers Otto Lilienthal – wird das 1895 errichtete Haus auch **Lilienthal-Burg** genannt. Die ursprünglich für den Militär Oskar Lademann gedachte Villa diente später als Gästehaus der Ufa. Zeitweise wohnten hier Hans Albers, Heinz Rühmann, Marlene Dietrich u. a.

Schräg gegenüber der Villa zweigt die Virchowstraße ab. Vorbei an dem von Annette Axthelm entworfenen und 2012 fertiggestellten modernen Bau auf dem Grundstück Nr. 9 geht es zum Haus Nr. 23, der **Villa Urbig**. Sie gilt als Frühwerk des später weltberühmten Architekten Ludwig Mies van der Rohe. Nach seinen Plänen wurde das neoklassizistische Gebäude 1915–17 für den Gesellschafter der Diskonto-Gesellschaft gebaut. Während der Potsdamer Konferenz beherbergte das Gebäude zunächst den britischen Premierminister Winston Churchill und nach dessen Abwahl ab dem 28. Juli 1945 den neuen Premierminister Clement Attlee. Das Anfang der 1990er-Jahre sanierte Haus ist seit 2009 der Wohnsitz von Hasso Plattner.

Das Haus Virchowstraße 43 wurde 1881 durch Ende & Böckmann für den Schriftsteller und Theaterdirektor Adolph L'Arronge errichtet, 1921 durch den Bankier Jakob Goldschmidt erworben, in der Zeit des Nationalsozialismus als Reichsführerinnenschule des Bundes Deutscher Mädel genutzt und jeweils verändert. Nun geht es im Bogen wieder zurück zur Karl-Marx-Straße, welche im Laufe der Zeit auch schon Kaiserstraße und Straße der SA hieß.

Am Haus Karl-Marx-Straße 27 erinnert eine Gedenktafel daran, dass hier Josef Stalin während der Potsdamer Konferenz Quartier bezog. Das Haus wurde 1910/11 durch Alfred Grenander für den Inhaber des renommierten Berliner Pelzhauses C. A. Herpich & Söhne errichtet. Später wurde das Gebäude als Akademie für Staats- und Rechtswissenschaften, Stalin-Gedenkstätte und Hochschule für Film und Fernsehen genutzt. Nach der Einheit wurde es 1994/95 denkmalgerecht saniert und für den Bauindustrieverband Berlin-Brandenburg hergerichtet.

Das Pförtnerhaus am Eingang zum Park Babelsberg

Das Gebäude auf dem Nachbargrundstück Karl-Marx-Straße 28 wurde – wie auch das Haus Virchowstraße 23 – von L. Mies van der Rohe entworfen, allerdings erst 1924–26 realisiert. Das an den Klassizismus angelehnte Gebäude mit seiner strengen Fassade entstand für das Vorstandsmitglied der Dresdener Bank **Georg Mosler**. Nach dessen Emigration 1933 stand das Haus jahrelang leer, wurde zu DDR-Zeiten als Klinik für Kinder und Menschen mit Beeinträchtigungen genutzt und Anfang der 1990er-Jahre an die Erbberechtigten Moslers zurückübertragen. Es kam anschließend zu mehrfachen Änderungen der Besitzverhältnisse, und im Inneren wurden einige Umbauten vorgenommen.

Am Ende der Straße wird ein kleiner kubischer Bau im Tudorstil erreicht. Dieses Gebäude wurde 1843 von Eduard Gebhardt als **Pförtnerhaus** für den **Park Babelsberg** errichtet. Die Fahrstraße führt auf eine Anhö-

Das Dampfmaschinenhaus an der Glienicker Lake

he, auf der sich heute drei Wohnheime befinden. Diese als Laubenganghäuser nach einer Konzeption von Hans Scharoun durch die Architekten Robert Lenz und Henrik Fischer ausgeführten Bauten wurden für den 1951 hier eröffneten Schulungsort der Zentralen Richterschule der DDR errichtet. Bis zum Ende der DDR wurden Staats- und Rechtswissenschaftler im Sinne des Sozialismus ausgebildet.

Nach der Schließung wurden die meisten Gebäude abgeräumt und die drei Laubenganghäuser zu Unterkünften für Studierende der Potsdamer Universität hergerichtet. Rechts der Fahrstraße befindet sich ein Parkweg, der sich auf halber Höhe den Hügel entlang erstreckt. Rechts, unterhalb am Wasser, ist das **Dampfmaschinenhaus** zu sehen.

Das Gelände des heute 124 Hektar großen Parks wurde früher als Tiergarten und auch als Forstfläche genutzt und Anfang des 19. Jahrhunderts zur Brennholzgewinnung weitgehend abgeholzt. 1833 erhielt Kronprinz Wilhelm (Wilhelm I.) von seinem Vater die Genehmigung, für sich und seine Frau Augusta hier eine Sommerresidenz und einen Park anzulegen. Mit der Gestaltung des Parkes wurde noch im gleichen Jahr Peter Joseph Lenné beauftragt, der die Anlage eines Wegesystems und Pflanzungen veranlasste. 1843 übernahm Hermann Fürst von Pückler-Muskau die weitere Gestaltung. Nach Ankauf von zusätzlichen Flächen wurde 1843–45 nach Plänen von Ludwig

Persius durch Moritz Gottgetreu ein Maschinenhaus mit Pumpwerk am Ufer errichtet. Hierdurch bot sich Pückler die Möglichkeit, den Park durch künstlich angelegte Seen und Bachläufe zu beleben. Am Hang des Havelufers entstanden durch Gehölze und Aussichten rhythmisierte Parkräume und großartige Landschaftsräume.

Blick auf Schloss Babelsberg

Der **Schlossvorplatz** bietet eine grandiose Aussicht auf die Glienicker Brücke, die Berliner Vorstadt in Potsdam und Schloss und Park Glienicke in Berlin. Unterhalb erstreckt sich die Bowlinggreen genannte Rasenfläche bis zum Havelufer, an dem sich eine damals „Geysir" genannte Fontäne befindet. Durch den Bau der Berliner Mauer lag auch der Park Babelsberg im Grenzbereich. Um Fluchten nach Berlin (West) zu verhindern, wurden Parkflächen zu Grenzsicherungsanlagen umgestaltet, sodass zwischen 1961 und 1989 rund 14 Hektar des Parks nicht zugänglich und vollkommen entstellt waren. Nach dem Fall der Mauer konnten die historischen Anlagen wiederhergestellt werden.

Karl Friedrich Schinkel hatte 1833 einen Entwurf zur Errichtung der neuen Sommerresidenz für den Prinzen und seine Frau vorgelegt. Unter der Bauleitung von L. Persius entstand 1834/35 der **erste neugotische Schlossbau** auf dem europäischen Kontinent. Nach der Ernennung des Prinzen zum Thronfolger 1840 begannen die Planungen für den Erweiterungsbau. Nach dem Tode Schinkels 1841 übernahm L. Persius die Arbeiten und nach dessen Tod 1845 schließlich Johann Heinrich Strack die Ausführung, die 1849 abgeschlossen war. Am 22. Sep-

tember 1862 fand in Schloss und Park die Unterredung König Wilhelms I. (seit 1861) mit Otto von Bismarck statt, die zu dessen Berufung zum preußischen Ministerpräsidenten führte. Nach dem Tod Wilhelms I. wurde das Schloss kaum noch genutzt. Es gelangte in den 1920er-Jahren in staatlichen Besitz und war Museum. Nachdem das Schloss auch von der Richterschule belegt wurde, befanden sich dort von 1954–57 die Hochschule für Film- und Fernsehen sowie ab 1963 bis zur Einheit das Museum für Ur- und Frühgeschichte.

Die ehemalige Berliner Gerichtslaube steht seit 1872 im Park Babelsberg.

Weiter geradeaus führt der Weg unterhalb der gotischen Fontäne zur **Rosentreppe**, welche nach rechts unten zum Havelufer abzweigt. Am Fuße der Treppenanlage befindet sich die Lenné-Bucht, in welcher früher die königliche Jacht anlegte. Dem Uferweg nach links folgend, geht es zum **Bildstöckl** genannten Aussichtspunkt mit einem herrlichen Blick auf die Potsdamer Silhouette. Dem Uferweg folgend, ist dann rasch das **Kleine Schloss** erreicht.

1833/34 wurde ein als Gärtnerhaus genutztes Gebäude für Prinz Wilhelm nach den Plänen von L. Persius umgebaut. Eine erneute Umgestaltung erfuhr es 1841/42 nach Ideen der Kronprinzessin Augusta im Tudorstil in Ausführung von E. Gebhardt. Später wurde es als Unterkunft für Gäste des Schlosses Babelsberg und nach 1918 auch als Wohnhaus genutzt. Es folgte eine Nutzung als Erholungsheim und schließlich als Gaststätte.

Links vom Kleinen Schloss führt ein Weg den Hang hinauf zu einer Treppe zum **Marstall**. Dieses ursprünglich 1834–39 nach Plänen von E. Gebhardt errichtete Gebäude wurde 1861 umgebaut und vergrößert. Im Erdgeschoss befanden sich die Pferdeställe und im Obergeschoss die Wohnungen der Bediensteten. Uferseitig am Haus vorbei wird der **Schwarz-Weiße-Weg** erreicht, der nach dem verwendeten Material benannt wurde: Die Oberfläche besteht aus schwarzem Basalt und weißem Kalksteinkiesel. Die geschwungene, kunstvolle Wegeführung entlang des Hanges mit immer wieder neuen Blickwinkeln ist ein hervorragendes Beispiel dafür, dass Pückler die Wege als „Stumme Führer des Spaziergehenden" betrachtete.

Blick vom Flatowturm auf das Matrosenhaus

Links oberhalb des Weges taucht die **Gerichtslaube** auf, die hier seit 1872 steht. Das freistehende Backsteingebäude in gotischen Formen, welches ursprünglich 1270 in Berlin errichtet worden war, musste dem Neubau des Roten Rathauses weichen und war unter Verwendung von historischen Bauteilen und Ergänzungen von J. H. Strack hier neu aufgebaut worden. Geradezu gelangt man zum **Matrosenhaus**. Dieses im Kern wohl um 1800 errichtete Gebäude wurde ab 1842 von den Matrosen bewohnt, die sich um die Gondeln und Segelschiffe kümmerten. 1868 wurde es von J. H. Strack erneuert und nach dem Vorbild der spätgotischen Staffelgiebel des Stendaler Rathauses gestaltet.

Hinter dem Matrosenhaus nach rechts leicht ansteigend, führt der Weg zu den sogenannten Generalseichen mit einem schönen Blick nach Südwesten. Unterhalb

liegt der nach dem Hofgärtner Otto Ferdinand Kindermann benannte **Kindermannsee**, welcher der einzige grundwassergespeiste See im Park ist. In seine Richtung hinabgehend, erreicht man einen Hauptweg, von dem es auf der linken Seite einen schönen Blick auf den **Flatowturm** am Hang gibt. Dieser wurde 1853–56 nach Plänen von J. H. Strack in Form eines mittelalterlichen Burgfriedes nach dem Vorbild des Eschenheimer Turmes in Frankfurt am Main errichtet und aus den Einnahmen des westpreußischen Krongutes Flatow finanziert. Vom 46 Meter hohen Turm bietet sich ein beeindruckender Blick in die Landschaft.

Gebäude der ehemaligen Gärtnerei

Dem Weg weiter folgend, geht es am wohl ältesten Gebäude des Parkes aus der Zeit vor 1770, dem 1850 durch M. Gottgetreu umgestalteten **Kutscherhaus**, vorbei. Links im Hintergrund liegt die **Gärtnerei** mit gelben Ziegelbauten im Tudorstil, 1862/63 ebenfalls durch J. H. Strack errichtet. Dem Hauptweg weiter folgend, ist bald die Parkgrenze erreicht. Durch die Neue Straße geht es nach Alt Nowawes.

Der Name **Nowawes** leitet sich aus dem Böhmischen ab: neues Dorf. Friedrich II. hatte Mitte des 18. Jahrhunderts wegen ihres Glaubens verfolgte protestantische Weberinnen und Spinner aus Böhmen eingeladen, sich hier niederzulassen. So wurde eine neue Kolonie nördlich des Dorfes Neuendorf angelegt. Bis 1767 entstanden 210 Häuser, und die Zahl der Bevölkerung stieg stetig. Die Textilindustrie wuchs beständig, und mit der Industrialisierung im 19. Jahrhundert dehnte sich die besie-